OSMAR TRINDADE

SIGA O COELHO BRANCO

Descubra até onde vai a toca do coelho e entre no seu país das maravilhas

editora SER MAIS

Presidente:
Mauricio Sita

Capa:
Danilo Scarpa (Estúdio Mulata)

Projeto Gráfico e Diagramação:
Candido Ferreira Jr.

Revisão:
Edilson Menezes

Gerente de Projetos:
Gleide Santos

Diretora de Operações:
Alessandra Ksenhuck

Diretora Executiva:
Julyana Rosa

Relacionamento com o cliente:
Claudia Pires

Impressão:
Imprensa da Fé

Dados Internacionais de Catalogação na Publicação (CIP)
(Câmara Brasileira do Livro, SP, Brasil)

Trindade, Osmar
Siga o coelho branco : descubra até onde vai a toca do coelho e entre no seu país das maravilhas / Osmar Trindade. --
1. ed. -- São Paulo : Editora Ser Mais, 2014.

ISBN 978-85-63178-61-9

1. Autoajuda 2. Carreira profissional - Desenvolvimento 3. Crescimento pessoal 4. Negócios 5. Sucesso profissional I. Título.

14-06625 CDD-158.7

Índices para catálogo sistemático:
1. Sucesso em negócios : Psicologia do trabalho 158.7

Editora Ser Mais Ltda
Rua Antônio Augusto Covello, 472 – Vila Mariana – São Paulo, SP – CEP 01550-060
Fone/fax: (0**11) 2659-0968
Site: www.editorasermais.com.br e-mail: contato@revistasermais.com.br

Agradecimentos

Agradeço a Deus pela oportunidade de compartilhar com milhares de pessoas minhas ideias e pensamentos. Tenho certeza de que assim como transformei minha vida, você também terá a oportunidade de fazer o mesmo com a sua. O que é possível para alguém, também é possível para você. Use, portanto, as informações deste livro para moldar a obra-prima de sua vida e entrar no seu país das maravilhas.

Agradeço também a minha família: minha mãe, pai, irmãos e ,em especial, minha esposa Iuná Vicentini Trindade, que sempre confiou em mim, até mesmo quando eu não acreditava. Sempre caminhou ao meu lado, me apoiando, impulsionando e, muitas vezes, mostrando um lado diferente das coisas.

Sou eternamente grato à Família Silva, a cada pessoa, dentre milhares que encontrei pelo caminho, por terem compreendido a minha missão e visão de criar um mundo ao qual queremos pertencer.

Agradeço aos principais professores que tive em minha vida. Muito obrigado, REJEIÇÃO, MEDO, FRACASSOS e POBREZA. Ainda que preferisse não ter encontrado vocês pelo caminho, entendo que fizeram parte da minha história, ajudaram a construir o homem no qual me tornei, fortalecendo e gerando muitos recursos para hoje escrever este livro.

DEDICATÓRIA

Dedico este livro para minha filha Rafaella Vicentini Trindade e minha esposa Iuná Vicentini Trindade, minhas maiores fontes de inspiração.

Tudo que faço é por vocês!

Introdução

Não sei se quem vai ler este livro já atravessa a estrada do sucesso e da felicidade. Não sei se você é uma pessoa que já chegou lá ou se é alguém que está procurando um norte ou um destino. Talvez seja alguém como eu, que há algum tempo também não tinha ideia do que fazer para mudar o rumo da própria vida.

Eu não sei em qual momento de sua vida está. Não sei se você está preso(a), triste, em um quarto escuro. Não sei se está na média como a maioria das pessoas ou se está muito acima da média. O que eu sei, e tenho certeza: se você está lendo esta obra, significa que independente de quem é ou dos resultados que já alcançou na vida, ainda quer mais.

Quero que não apenas leia. Desejo que se conscientize de que pode ir muito mais longe. Quero ajudá-lo na descoberta de todo seu potencial, para fazer muito mais do que vem fazendo. Você tem o poder de se tornar maior e melhor do que é **agora**, então não se contente em ser quem é hoje.

Com este livro, meu objetivo é ajudar você a atingir o seu.

BOA LEITURA!

Sumário

Primeira parte: Início da Jornada

- O Trapézio
- O filho do meio
- Modelo de Sucesso
- Sucesso e Felicidade
- Estrada para o Sucesso
- Comportamento das pessoas de sucesso
- Comportamentos de pessoas fracassadas
- Como criar novos comportamentos
- Como estabelecemos um padrão de comportamento?

O Trapézio

Às vezes eu me sentia como um trapezista de circo, balançando continuamente de um lado para outro, e em alguns momentos, estava no ar, entre as barras do trapézio. Em minha vida, na maior parte do meu tempo, estive pendurado nas barras. E parecia que minha vida era o próprio trapézio.

O trapézio me conduzia até certo ponto, mas eu não ia muito longe. Mesmo assim, tinha o sentimento de que estava no controle. Ali eu conhecia tudo, conseguia prever o próximo movimento, sabia todo o caminho a percorrer. Em determinado momento, quando estava balançando, olhei para a minha frente e o que eu vi? Outra barra de trapézio balançando em minha direção. Estava vazia, vinha em minha direção, eu tentava negar, mas, sabia que esta nova barra de trapézio tinha o meu nome, era o meu próximo passo, meu crescimento, eram os objetivos vindo ao meu encontro para que pudesse pegá-los. Era a vida me convidando e me desafiando. Algo dentro de mim sabia que para crescer, teria de soltar a minha tão bem conhecida barra do presente, movendo-me para a nova barra. Cada vez que isto me acontecia, eu sabia, instintivamente, que deveria soltar totalmente a antiga barra. Por mais que eu já tivesse, entretanto, feito isso várias vezes, ainda sentia medo. Meu coração parecia saltar pela boca. As mãos começavam a suar. Toda vez que tinha de fazer esta trajetória, estava cheio de medo de perder, de abandonar o passado. Sentia medo de cair entre as barras, em um abismo.

A mudança do antigo para o novo não tinha garantias, não existia rede de proteção, mas com todo este medo e sabendo do risco da transição, eu o fazia assim mesmo, porque de alguma forma, ficar se balançando naquela barra antiga não estava mais em minha lista de opções. Então, eu me lançava e isso parecia durar uma eternidade, poderia durar um segundo ou mil.

Acredito que todas as pessoas devam fazer esta transição. Transformar nossa necessidade de agarrar a nova barra é permitir a nós mesmos residir no único lugar onde a mudança realmente acontece. Pode ser assustador, mas quando nos lançamos, quando estamos entre uma barra e outra, suspensos no ar, percebemos o real valor da vida. E quando nos agarramos à nova barra, entendemos que foi a escolha certa.

À medida que vai lendo este livro, cada frase e cada página o impulsionarão a abandonar as barras de trapézio nas quais vem segurando, presenteando você com a possibilidade de encontrar novas barras de trapézio em sua nova vida.

Decida neste momento largar sua barra de trapézio e projete-se para o seu País das Maravilhas!

O FILHO DO MEIO

Quero compartilhar com você a história de um casal de nordestinos, que migrou para São Paulo com o sonho de uma vida melhor. Um cego otimismo os fez acreditar que, mudando para a cidade, suas vidas também mudariam.

Ela não conheceu seu pai e aos quinze anos, perdeu sua mãe para o câncer. Ele nunca recebeu uma demonstração de afeto do pai. Tinham quatro filhos quando resolveram deixar Capim Grosso, pequeno município localizado a 272 km da capital baiana, para vir em busca de abrigo em São Paulo. Duas pessoas que não conheciam nada, sem emprego, sem casa, apenas com um "porque", um motivo, uma razão forte dentro delas. Em pouco tempo, ele conseguiu emprego como faxineiro em um prédio e ela foi trabalhar em uma casa de família. Pouco tempo depois, tiveram o quinto filho e, nesta época, conseguiram moradia em uma pensão (sete pessoas em um quarto). Quais seriam as chances de eles sobreviverem em São Paulo? Quais seriam as chances de eles conseguirem vencer? Sem estudo, casa, incentivo ou oportunidade?

Talvez você tenha respondido NENHUMA CHANCE.

Eles são dois guerreiros. Mesmo com todas as adversidades conseguiram criar seus filhos. Quero, então, falar sobre o filho do meio que um dia resolveu mudar sua história e deixar sua marca na vida das pessoas. Este filho do meio sou EU.

Sempre procurei fazer o bem para as pessoas, porém meu raio de alcance era muito limitado. Somente conseguia fazer a diferença entre as pessoas mais próximas, minha família e amigos. Na faculdade, tive a oportunidade de encontrar pessoas que possuíam alguns desafios a serem superados, conheci duas pessoas em especial e resolvi dedicar-me a elas.

No primeiro ano, conheci uma pessoa muito especial, portadora de deficiência auditiva. A instituição não tinha estrutura e nem professores prontos para facilitar o aprendizado dela. Fiquei aproximadamente dois meses a observando, até que em uma semana de prova, percebi que estava muito tensa e preocupada, não tinha aprendido e entendido quase nada das matérias. Percebi que precisava de um amigo e, no intervalo de aula, enquanto ela estudava, me apresentei e então me ofereci a ajudá-la. Pacientemente, comecei a ensinar e estudar as matérias de prova com ela. Eu tinha de articular muito bem as palavras para que ela pudesse entender. No início, foi um enorme desafio, mas como um amante de desafios, continuei focado no propósito de fazer a diferença. Quanto mais me dedicava, mais ficava impressionado com a facilidade que ela tinha de aprender, e o que mais me marcou foi o desejo que ardia dentro dela para superar as próprias limitações. No fim do ano, recebemos uma ótima noticia. Ela foi aprovada em todas as matérias. Infelizmente, no ano seguinte eu estava com dificuldades financeiras e para não interromper os estudos, precisei mudar de período. Como a mensalidade do período matutino era metade do valor, não me restou escolha a não ser mudar, afinal era o que eu podia pagar naquele momento. Tive de deixar minha amiga seguir sozinha. Felizmente, pouco tempo depois fiquei sabendo que ela tinha encontrado outras pessoas de bom coração que a ajudaram. Quando consegui me organizar financeiramente, voltei para o período noturno, quando conheci outra pessoa com enormes desafios pela frente. Para você ter ideia da magnitude, vou resumir a história:

Dez anos antes de eu conhecê-lo, este rapaz era analfabeto. Fez telecurso, depois mobral e supletivo. Com muito sacrifício e superação, ingressou na faculdade, porém sem base alguma de matemática e como fazíamos administração, tínhamos muitas aulas de exatas. Conversando, descobri que ele estudava no período da manhã e mudou de horário por conta do trabalho. O rapaz já tinha três matérias em dependência, nas quais tinha sido reprovado, restando-lhe apenas refazer. Naquele ano, tínhamos mais cinco matérias de exatas, tente imaginar como seria para ele. Percebi que o rapaz precisava de alguém "mais que amigo". Então dediquei muitos finais de semana à missão de contribuir, ensinar todas as matérias de prova para ele. E algumas provas eu mesmo fiz, sem que o professor soubesse, é claro. Sei que isso é totalmente errado, mas ou eu fazia isso ou ele trancaria a faculdade por excesso de DP's. Na faculdade onde estudávamos, só podíamos ter cinco DP's. Durante os três anos seguintes de faculdade, ele foi o amigo mais querido e o segundo aluno que tive. Infelizmente, por conta de compromissos pessoais e profissionais, após a formatura acabamos por nos distanciar.

Fazer a diferença na vida das pessoas é algo que sempre esteve latente em mim, por isso decidi trabalhar com treinamentos de desenvolvimento humano.

Em meus treinamentos e palestras, contribuo com o desenvolvimento de centenas de pessoas todos os meses. Sou muito feliz e realizado com o que faço, mas ainda sinto dentro de mim que existem milhões de pessoas que merecem ajuda. Sei que existem milhões de pessoas adormecidas e precisam despertar deste sono da desesperança, da preguiça ou medo. Sou apaixonado e louco por ajudar pessoas a atingir seus sonhos e objetivos. Tenho uma aversão doentia por mediocridade e não descansarei enquanto não ver as pessoas elevando seus padrões e sua qualidade de vida.

Por isso tomei a decisão de escrever este livro. Não quero me limitar a centenas de pessoas por mês, quero que a obra alcance e ajude milhões de pessoas em todo o mundo, que seja fonte de inspiração e direcionamento para você e para o máximo de pessoas que eu puder atingir. Este livro foi um meio que encontrei para contribuir com a humanidade, deixando o meu legado. Se você está gostando da leitura e lhe fizer sentido, indique para quem você ama e conhece.

Modelo de Sucesso

Sempre busquei descobrir o que cria a margem que separa os vencedores dos perdedores. Que fatores tornariam uma pessoa bem ou malsucedida? Por que algumas pessoas se sentem realizadas e outras vivem frustradas?

Foram estas típicas perguntas que me impulsionaram a revolucionar a própria vida.

Em minha família, não conhecia ninguém que tivesse atingido sucesso profissional, um cargo de liderança ou a estabilidade financeira, para que eu pudesse me espelhar. Não existiam modelos de sucesso para seguir e modelar.

Quando criança, eu escutava meus pais dizendo: *você precisa trabalhar muito para ter sucesso*. Esta frase parecia fazer todo o sentido e já que trabalhar duro era o segredo do sucesso, comecei a trabalhar muito cedo, aos dez anos. Na realidade, eu era aprendiz de meu irmão mais velho. Ele tinha trezes anos e trabalhava como entregador de pizza, eu o acompanhava para aprender. Trabalhávamos das 18h a 1h, entregando pizza. Eu não tinha salário nenhum, nem era funcionário da pizzaria. Como ajudante de meu irmão, recebia metade das gorjetas que ele ganhava.

Nesta época, eu não estava preocupado com dinheiro, queria mesmo aprender um trabalho. Ficamos alguns meses neste trabalho, até que ele mudou de emprego e foi trabalhar em uma tinturaria, como entregador de roupas. Como irmão mais novo, eu o acompanhei também nesta trajetória. Depois de um tempo, ele foi trabalhar como *office boy* em outra empresa e eu herdei sua função. Sozinho, passei a entregar as roupas. Como era muito pequeno, não aguentava carregar muitas roupas ao mesmo tempo e dependendo do tamanho das peças, arrastava-as pelo chão. Acho que não preciso falar que fiquei pouco tempo nesta profissão, não é? Fiquei muito triste e envergonhado, tanto que mal consegui explicar os motivos para meus pais. Talvez meu irmão não saiba o quanto ajudou em meu desenvolvimento e quanta diferença fez em minha vida apenas pela oportunidade de acompanhá-lo nos trabalhos.

Aos 13 anos, tinha muitas vontades e necessidades. Eu queria um tênis da moda e roupas melhores. Meus pais só tinham dinheiro para o básico e se eu quisesse algo a mais, teria de trabalhar. Resolvi entregar pizza. Era a única experiência que tinha. Foram dois anos trabalhando como entregador de pizza. Lembro até hoje que meu sonho, assim como de todos os meus amigos entregadores, era trabalhar na pizzaria *Carmem Pizza*. Lá, pagavam "muito bem": R$ 7,00 por noite de trabalho, um valor considerado por nós algo extraordinário. Aos 15 anos, experimentei meu primeiro trabalho registrado. O cargo era *office boy*. Queria trabalhar duro, afinal era "o segredo para alcançar o tão precioso sucesso".

Enquanto eu trabalhava duro, ficava observando meus pais e irmãos. Eles saíam cedo de casa para trabalhar, voltavam tarde da noite, exaustos e, mesmo assim, continuávamos todos a levar a mesma vida pobre. Isso não fazia sentido.

Percebi que trabalhar muito não estava levando minha família ao sucesso. As mesmas perguntas repetiam-se, insistentes, em meu íntimo:

O que uma pessoa tem de fazer para obter resultados extraordinários, superando o convencional?

Escutava também dos meus pais que eu tinha de estudar muito para me tornar alguém de sucesso.

Comecei então a prestar atenção em pessoas que estudavam compulsivamente para ingressar em uma faculdade ou conseguir um cargo público.

Algumas delas passavam os finais de semana estudando, sem sair de casa. Evitavam a vida social, acordavam cedo e dormiam tarde. Não obstante, continuavam levando vidas medianas. Uma dúvida então se fazia presente na minha cabeça: será que este comportamento vai levar as pessoas a atingir o sucesso? Será que estudar muito é o grande segredo para o sucesso?

Percebi que trabalhar e estudar muito eram ações importantes, mas insuficientes. Era preciso muito mais...

Anos depois, refletindo sobre minha trajetória, cheguei à conclusão que utilizei muitas estratégias para elevar a minha qualidade de vida. Estratégias que me tiraram de uma vida miserável para uma vida de realização. Algumas estratégias e conceitos foram criados por mim; outros foram emprestados de alguns mestres que encontrei em minha jornada.

Compartilharei estas estratégias com você nas próximas páginas deste livro e o desafio a usar e comprovar o impacto positivo que cada uma delas pode ter e fazer por você e seu futuro. Não acredite, EXPERIMENTE!

SUCESSO E FELICIDADE

Todos nós buscamos o sucesso e a felicidade. Eu e você fazemos tudo para alcançá-los. Normalmente, quando pergunto para alguém o que é sucesso e felicidade, as pessoas têm grande dificuldade ao responder. Gaguejam, ficam em silencio ou falam de muitas coisas, menos da própria definição sobre o que é sucesso e felicidade. É fundamental definir. Quando temos objetivos claros em nossa mente, fica muito mais fácil alcançar ou medir se estamos próximos do alvo. Sua primeira tarefa será descrever esta definição.

Pegue caneta ou lápis e escreva agora.

Minha definição de sucesso é:

Minha definição de felicidade é:

Definir ambos é a porta de entrada para a estrada que conduzirá aos seus objetivos.

Agora que você já definiu, quero compartilhar alguns conceitos, ideias e estratégias para que atinja seus objetivos.

Na programação neurolinguística existe uma ferramenta chamada modelagem. Você pode mapear comportamentos, pensamentos, crenças e valores de uma pessoa que considera referência para aquele resultado que você quer atingir. Estas informações o permitirão aplicar as mesmas estratégias e repetir exatamente os mesmos comportamentos, crenças e valores, obtendo o resultado que você almejava em um curto espaço de tempo. Não sei quem é seu modelo de sucesso e felicidade. Se me permitir, quero e posso ser para você esta referência, pois se aplicar tudo que compartilharei nesta obra, tenho certeza de que terá resultados extraordinários.

ESTRADA PARA O SUCESSO

Qual é o tamanho da sua fome por sucesso e felicidade?

Certa vez, me fiz esta pergunta e fui ainda mais fundo:

Quanto eu quero, quanto eu desejo sucesso e felicidade?

Esta foi uma das perguntas mais inteligentes que eu pude fazer, pois desencadeou um grande processo de mudança em minha vida.

Agora, eu lhe pergunto: qual é o tamanho da ***sua*** fome por sucesso e felicidade?

Numa escala de 0 a 10, considerando que o zero represente "NADA" e o dez represente "ESTOU FAMINTO", qual é o tamanho de sua fome?

Quanto você deseja de sucesso e felicidade?

Responda esta pergunta agora, insisto:

Qual é tamanho da minha fome por sucesso e felicidade?

Circule sua nota:

1	2	3	4	5	6	7	8	9	10

A resposta determinará o tipo de comportamento que você vai ter em relação a sua busca por sucesso e felicidade.

Se a reposta for qualquer nota que não seja 10, com absoluta certeza, você se boicotará dia após dia. Você será seu próprio sabotador para a conquista dos objetivos.

Quando você se torna o principal vilão durante a conquista do objetivo, uma gigantesca briga interna é travada.

Quando não temos urgência ou fome para conquistar nosso objetivo, tudo será mais importante, qualquer coisa será prioridade, o menor obstáculo se tornará a maior barreira.

A chuva será um grande fator impeditivo para você sair do lugar. A preguiça fará adiar coisas importantes. Ficar no sofá, com o controle remoto da televisão na mão, será muito mais gostoso. O medo paralisante vai deixar você craque, *expert* em criar desculpas ou dar justificativas, a fim de tirar sua responsabilidade sobre o problema. Tais desculpas até "protegerão" você, mas não o colocarão para frente. Se você não tiver urgência, terá sempre uma linda desculpa para dar.

O passo primordial para a realização dos seus objetivos é aumentar o desejo e o apetite por sucesso e felicidade.

Você precisa ter urgência para realizar seus sonhos, precisa ter pressa. Urgência é PODER!

Se você tiver a mesma urgência que as pessoas têm quando desejam que o final de semana, feriados ou carnaval cheguem logo, alcançará seus objetivos.

Quer saber o que é ter urgência? Alguma vez na vida você já teve dor de barriga? Tenho certeza que sim. Então você sabe o que é ter urgência. Tenha urgência, tenha pressa!

Agora que você já sabe qual é o grau de urgência fundamental para o alcance dos objetivos, dê a nota à pressa que você tem para alcançá-los.

Circule novamente sua nota:

1	2	3	4	5	6	7	8	9	10

Um dos meus objetivos com este livro é produzir em você o sentimento de urgência, para que chegue o mais rápido possível aos seus objetivos, conquistando o sucesso e a felicidade.

Dizem que o sucesso muda as pessoas. Em minha opinião, apenas potencializa aquilo que a pessoa já é.

Se você é inseguro(a), o sucesso potencializará sua insegurança, sentirá medo das pessoas se aproximarem por interesse, viverá uma vida de "serás" com muitas interrogações e incertezas.

Se você é arrogante, o sucesso o deixará ainda mais. Você com certeza sentirá o direito de fazer o que bem entender, sem se importar com o respeito às regras e leis. Acabará adotando uma postura de "posso tudo". Assistimos de tempos em tempos, na televisão, pessoas com fama e *status* que quando paradas em blitz policial, agem com extrema arrogância. Vemos pessoas tratando os menos afortunados com desprezo.

Se você é uma pessoa boa, o sucesso deixará você ainda melhor. Terá a oportunidade de ajudar os semelhantes, de fazer a diferença. Sempre escutamos falar das pessoas de sucesso, cantores, jogadores de futebol, atores, empresários e tantos outros que estão sempre fazendo algo por sua comunidade.

Se você é uma pessoa feliz, o sucesso potencializará esta felicidade. Você encontrará meios de experimentar cada vez mais. Sentirá imenso desejo de fazer outras pessoas felizes. Seu cérebro processará: *"uau" tudo isso é bom demais, então por que não compartilhar com outras pessoas?*

Por mais que o sucesso apenas potencialize aquilo que a pessoa é, infelizmente ele chega com uma dose de poder e arrogância. Se eu pudesse oferecer um conselho, cuidado quando se surpreender "se achando". Ao se perceber arrogante, procure pessoas que possuem mais sucesso que você, e perceberá que elas não estão "nem aí" para o que você tem. Desta forma, você ficará um pouco mais humilde e colocará os pés no chão novamente.

Cuidado, portanto, com a perigosa armadilha da arrogância.

Comportamento das pessoas de sucesso

Mapeando o comportamento das pessoas que já alcançaram o sucesso, percebi que possuem diversos comportamentos fortalecedores e impulsionadores em comum. Quero compartilhar quatro comportamentos com você, em minha opinião os mais relevantes. Sei que não serão suficientes para fazer você chegar ao sucesso, porém os considero fundamentais para pavimentar a sua estrada rumo à realização, lembrando que nenhum engenheiro construirá esta estrada com a mesma eficiência que você.

Os quatro comportamentos comuns entre as pessoas de sucesso:

1. Pessoas de sucesso não deixam nada para depois;
2. Pessoas de sucesso possuem um propósito verdadeiro;
3. Pessoas de sucesso sempre dão o máximo de si;
4. Pessoas de sucesso conhecem seus potenciais e limites;

1. Pessoas de sucesso não deixam nada para depois

Um dos grandes ladrões de sonhos é a procrastinação. Adiar uma ação, saber que algo precisa ser feito e não dar a devida importância para esta tarefa, utilizando o famoso *"depois eu faço"* pode distanciar as pessoas do sucesso. E neste ritmo, a cada *"depois eu faço"*, o tempo vai passando e muitas vezes a tarefa deixa de ser feita. As pessoas fazem isso em todo momento com várias coisas, desde pequenas como um serviço doméstico até tarefas de altíssimo valor e importância para sua vida pessoal ou profissional, que muitas vezes poderiam determinar o sucesso e a realização de um objetivo.

As pessoas estão anestesiadas e acostumadas a não fazer nada em relação aos seus objetivos e tratam a procrastinação como algo normal. Entenda algo de uma vez por todas: NÃO é normal procrastinar as coisas.

Quando você procrastina uma tarefa importante, cada minuto perdido refletirá na realização dos seus sonhos, automaticamente também adiados em semelhante proporção.

Será que não fazer nada é mais importante que os seus sonhos? Será que não fazer nada é mais importante que proporcionar uma qualidade de vida melhor para você e sua família?

Será que a melhor decisão que você pode adotar é "nenhuma"?

Existem pessoas que vivem adiando suas tarefas e deixam para fazer algo somente quando o tempo está expirando. Então repetem a famosa frase *"como eu gostaria que meu dia tivesse 30 horas"*. Quando escuto frases como esta, penso: *Para quê? Para ficar mais tempo sem fazer nada?*

Você sabe por que as pessoas colocam seus sonhos bem distantes, para 5 ou 10 anos adiante?

Para ficarem mais tempo sem fazer nada. Em minha opinião, nossos sonhos não precisam esperar. Algumas coisas podem acontecer antecipadamente, mas o problema é que as pessoas procrastinam, adiam suas ações mais importantes.

Imagine como seria sua vida se os sonhos de cinco anos fossem antecipados para um ano, ou melhor, tente imaginar como seria se os seus sonhos de um ano fossem realizados em seis meses. Procrastinar é deixar para viver mais tarde uma vida de plenitude, é adiar a oportunidade de oferecer o melhor para sua família. É protelar o seu tão sonhado país das maravilhas, sua tão sonhada praia perfeita, o lugar dos sonhos e a vida que você tanto quer viver.

Não é possível que você possa ser tão passivo(a) a ponto de saber que existe uma vida melhor o esperando e mesmo assim continua com "paralisia de atitudes", adiando as tarefas importantes. Embora você talvez tenha criado este padrão procrastinador de comportamento, quero que tenha esta certeza: é possível interromper tal padrão limitante. Se você quer realmente se tornar alguém de sucesso, tome a decisão de interromper os adiamentos, de deixar as tarefas importantes para depois. Como já disse, pessoas de sucesso não deixam nada para depois. O sucesso e o fracasso estão entre as coisas que gostamos de fazer e as coisas que deveríamos fazer, mas não fazemos. O fracassado escolhe fazer apenas as coisas mais confortáveis e as que dão menos trabalho, enquanto os vencedores fazem aquilo que deve ser feito.

Existe alguma ação importante que você está adiando?

Como você já conhece o poder destrutivo da procrastinação, comece a agir assim que fechar este livro. Não espere a próxima segunda-feira, o próximo mês ou o final do ano, onde todos fazem as famosas promessas.

Se você tem urgência para fazer esta tarefa, fique à vontade, pare o livro e volte a lê-lo assim que concluir. Caso você esteja empolgado para ler as próximas páginas, então continue, mas assuma o compromisso de resolver as pendências da sua vida, assim que fechar o livro.

2. Pessoas de sucesso possuem um propósito verdadeiro

Pessoas de sucesso sabem exatamente o que querem para suas vidas, não perdem tempo se confundindo ou iludindo com vontades e necessidades passageiras. Você jamais verá uma pessoa bem-sucedida falando que quer algo e na semana seguinte estará cogitando sobre outros desejos e vontades, pois desistiu daquilo que queria anteriormente. Pessoas de sucesso não agem como criança que uma hora quer um brinquedo, dez minutos depois não quer mais e então chora, desejando outra coisa. Para ter sucesso, é necessário que a maturidade esteja sempre presente nas ações e decisões, bem como alinhada com seu real propósito de vida.

Quando pergunto para alguém: qual o seu objetivo? Escuto das pessoas várias metas e alvos, então questiono sobre o principal objetivo delas, nesse momento têm grande dificuldade de escolher um objetivo principal. Esses inúmeros objetivos fragmentam o foco e disputam a energia das pessoas. Esse conflito de objetivos faz com que não alcancem absolutamente nada.

Você precisa de um propósito verdadeiro, de um desejo real. Um propósito que jamais o fará perder o foco ou mudar de ideia. Quer saber o que é um desejo real ou um propósito verdadeiro?

Tente este desafio: respire profundamente e fique sem respirar por cinco minutos.

Se você aceitou o desafio, com certeza voltou a respirar antes dos dois minutos... Apesar de ter aceitado cinco minutos sem oxigênio, à medida que sua reserva de ar foi se esgotando, você se sentiu obrigado a respirar, pelo instinto primitivo e natural de sobrevivência. Isto é ***desejo real***, neste momento você tinha o desejo intenso de respirar e mal conseguiu esperar o próximo segundo, do contrário poderia desmaiar e ficar inconsciente.

Não existia outra opção a não ser respirar. É sobre isso que estou falando: ter um propósito verdadeiro. Se você quiser realizar seus sonhos tanto quanto desejou respirar, é fato que você realizará. Daí a necessidade do propósito verdadeiro ou um desejo real. É o que diferencia os devaneios dos sonhos factíveis.

Nas próximas páginas, você terá a oportunidade de definir objetivos e estabelecer um plano de ação para alcançá-los. Quando chegar este momento, escolha um objetivo que você deseja intensamente.

3. Pessoas de sucesso sempre dão o máximo de si

Infelizmente tenho encontrado pela vida, por todos os treinamentos e palestras que ministro, pessoas que vivem se economizando.

As pessoas estão acostumadas a fazer apenas o mínimo necessário para garantir seu emprego ou relacionamento. Não existe uma verdadeira dedicação ou um empenho extremo.

Costumo fazer dois exercícios em minhas palestras ou treinamentos para gerar consciência nas pessoas. Faço com que percebam quanto se economizam para realizar as coisas. Vou compartilhar com você um dos exercícios que faço.

Peço para as pessoas ficarem em pé e levantarem o braço, o máximo possível. Em seguida, peço para levantarem o braço um pouquinho mais, e o que acontece? Elas de fato levantam um pouco mais. Então peço outra vez, um pouquinho mais, e, para a minha surpresa elas conseguem. Então insisto mais duas ou três vezes. Novamente admirado, constato que ainda conseguem. Então já tenho a deixa que preciso para gerar o aprendizado necessário.

Vocês estão percebendo o que todos vocês fizeram? Eu pedi para levantarem o braço ***o máximo*** que conseguissem, mas vocês se economizaram. Ficaram esperando eu pedir sempre um pouco mais, um pouco mais e um pouco mais. Sabe por que as pessoas fazem isso o tempo todo, não apenas nos salões de treinamento, mas também na vida real? Porque estão acostumadas a dar e fazer somente o mínimo necessário. Não estão condicionadas à máxima dedicação logo de primeira. Vivem esperando alguém pedir um pouco mais. Esperam o chefe pedir um pouco mais, a esposa ou o marido ou uma cobrança dos filhos. Até quando você continuará fazendo apenas o mínimo necessário?

Algumas pessoas recebem uma oportunidade de trabalho e não se dedicam da forma como deveriam. Quando demitidas, comentam com os mais íntimos: *na próxima vez, vou me dedicar mais.* Talvez você não tenha uma próxima vez, talvez tenha apenas uma oportunidade para mostrar o seu talento, potencial ou valor.

Talvez seja aquela apresentação, quem sabe um teste, aquela prova ou ainda uma entrevista para o emprego que você sempre sonhou. Se não estiver acostumado com a cultura de dar o seu melhor e chegar ao máximo, talvez não tenha uma segunda oportunidade para fazer melhor.

Dedique-se em tudo que fizer, mergulhe, se jogue, pois somente assim conseguirá avançar para atingir seus objetivos.

Quem você acha que ganhará uma corrida, a pessoa que se move na velocidade de um coelho ou a que se movimenta como uma lesma preguiçosa? A resposta é óbvia, não é verdade?

Pense então na forma que você tem levado a vida, reflita sobre seus comportamentos em relação aos objetivos. Você tem sido uma lesma preguiçosa ou um coelho veloz?

Sei perfeitamente quão difícil é assumir que talvez tenha agido como uma lesma para alcançar seus objetivos, mas aceitar que possui comportamentos improdutivos para os resultados é fundamental, a fim de iniciar um processo de mudança e avançar em direção a tudo que você deseja.

Tome a decisão verdadeira de se dedicar ao máximo. Este empenho terá de ser uma constante em sua vida, pois a dedicação temporária não produzirá resultados permanentes.

No começo, talvez se faça necessário um esforço consciente para dar o máximo de si, porque você não está acostumado(a) a agir desta forma. O esforço contínuo e repetitivo dos seus comportamentos se transformará em um padrão, tornando-se espontâneo e natural; ou seja, não vai mais requerer aquele esforço consciente. Agir com dedicação e empenho será tão natural, indolor e prazeroso quanto respirar ou piscar os olhos.

Alguns lembretes importantes:

Quanto maior a entrega, maior será o resultado.

Quanto maior o tamanho de sua dedicação, maior será o resultado.

Nada de esforço é igual a nada de resultado.

Não existe mágica, apenas trabalho e dedicação.

4. Pessoas de sucesso conhecem seus potenciais e limites

O autoconhecimento é fundamental para chegar ao sucesso e à felicidade. É de extrema importância que você tenha consciência sobre seus potenciais e limites.

Conhecendo seus potenciais, você poderá maximizá-los e acelerar os resultados. Ciente de suas limitações, você poderá diminuir os "*gaps*" ou as lacunas para também acelerar os resultados. Suas limitações serão os principais sabotadores.

Para ter consciência sobre os potenciais e limites, precisará dar uma pausa em tudo e olhar sua vida de uma forma diferente.

Infelizmente, em nosso dia a dia não conseguimos fazer isso porque temos pessoas esperando por nós, talvez o marido, a esposa, os pais ou filhos, tem o trabalho que está nos esperando, talvez a faculdade ou o MBA como compromissos, e no final de semana são tantas atividades que não conseguimos dar uma pausa e olhar para a nossa vida.

A única maneira mais efetiva que consigo enxergar para fazermos isso é participando de treinamentos que gerem esta consciência e autoconhecimento. O treinamento mais poderoso para isso é o *Leader Training* da empresa IMAP BRASIL. Este treinamento é poderoso para quem busca resultados em liderança, mudanças comportamentais e atitudes. São desenvolvidas, durante um final de semana, as principais emoções (medo, raiva, tristeza e alegria) responsáveis por nossos comportamentos, que por sua vez determinam os resultados que teremos em nossas vidas, pois não há um passo que o ser humano dê, sem que esteja munido de uma ou mais destas emoções. Se estiverem em equilíbrio, o ajudarão no caminho do sucesso. Do contrário, o farão refém dos comportamentos e crenças acumulados ao longo do tempo. Este é o motivo pelo qual o treinamento IMAP potencializa a consciência sobre as mais impactantes emoções do ser humano

Na leitura desta obra, você perceberá como as emoções que sentimos impactam diretamente em nossos resultados e como é importante administrá-las. Se fizer sentido para você, o convido a estar comigo cara a cara no *Leader Training* do IMAP BRASIL.

A grande massa rejeita participar de treinamentos. As pessoas dizem que não precisam ou que já sabem de tudo nesta vida e não consideram treinamento como um meio de receber ferramentas para promover mudanças ou atingir resultados.

Onde será que estariam hoje atletas renomados como César Cielo, Usain Bolt, Michael Phelps, Neymar, Messi e tantos outros grandes atletas de alta performance se também acreditassem nesta besteira de que não precisam de treinamento ou que já sabem de tudo?

Será que teríamos um Pelé ou um Roberto Carlos, considerados referências em suas respectivas áreas? Será que o Senna seria tão extraordinário se não acreditasse em treinamento?

Certa vez escrevi esta pergunta na minha Fanpage do facebook, sobre onde estariam estes grandes atletas se não acreditassem em treinamento. Então, uma pessoa escreveu o seguinte: "se eu ganhasse tanto dinheiro como eles, também treinaria igual". O que esta e milhões de pessoas não perceberam é que se tais atletas não tivessem se dedicado, treinando milhares de vezes no início e durante suas carreiras, jamais seriam quem são e nunca ganhariam o que ganham. Temos, então, uma falsa convicção implantada no inconsciente coletivo: SÓ ME DEDICAREI SE GANHAR MUITO DINHEIRO. Se você possui este tipo de convicção, mude-a urgentemente, pois é uma certeza limitadora. Você jamais ganhará aquilo que deseja sem antes dar tudo que tem de energia para a construção dos sonhos.

Conheça os próprios potenciais, busque seus limites e os transcenda.

Pessoas de sucesso não falam de suas limitações, elas transcendem.

Vamos relembrar os quatro comportamentos de pessoas bem-sucedidas?

1. Pessoas de sucesso não deixam nada para depois;
2. Pessoas de sucesso possuem um propósito verdadeiro;
3. Pessoas de sucesso sempre dão o máximo de si;
4. Pessoas de sucesso conhecem seus potenciais e limites.

Comportamentos de pessoas fracassadas

Os fracassados possuem, em comum, características e comportamentos. Vou compartilhar alguns para que o(a) leitor(a) não entre nessa armadilha, ou, se estiver repetindo estes comportamentos, terá a oportunidade de interrompê-los.

Os quatro comportamentos de pessoas fracassadas

1. Fracassados fazem as coisas pela metade;
2. Fracassados são contadores de histórias;
3. Fracassados sentem raiva de pessoas bem-sucedidas;
4. Fracassados levam a vida se economizando.

1. Fracassados fazem as coisas pela metade

A maioria das pessoas começa seus projetos com toda força e garra, porém, com o passar do tempo, perdem a motivação, o embalo e param seus projetos pela metade. Em minha opinião, é insensato acreditar que algo de extraordinário irá acontecer na vida de uma pessoa que faz tudo pela metade. São pessoas excelentes em iniciar um projeto, porém péssimas para dar continuidade e levar algo até o fim.

Quem faz algo pela metade não pode ser classificado como meio fracassado e tampouco meio vencedor. Estas pessoas são fracassadas por inteiro. Fazer pela metade é assinar o atestado de perdedor. Você consegue se lembrar das suas três últimas viradas de ano? Quais eram suas expectativas para o ano que estava a se iniciar? Com absoluta certeza tinha as melhores expectativas de que o ano vindouro seria o melhor ano da sua vida. Este sentimento não é apenas seu, milhões de pessoas também o compartilham por esta ocasião.

Todas as vezes que se inicia um ano, eu faço a seguinte pergunta para as pessoas: *por que este será um ano diferente para você?* Normalmente as pessoas ficam mudas. Eu faço uma nova pergunta: *você vai concretizar o seu projeto de vida? Você vai terminar tudo que iniciar? Vai ter novos comportamentos?*

Se você não se dispõe a fazer nada de diferente, por que acreditar que o ano será extraordinário? Apenas acreditar e ter pensamento positivo sem uma ação concreta é como comprar uma semente, guardar em uma gaveta e esperar que ela brote no jardim de sua casa.

A grande massa tem pensamentos positivos e comportamentos negativos.

Esta combinação não gera resultados surpreendentes e muito menos um ano de realizações. Recentemente, escutei uma pessoa dizendo: *nossa, o ano já está acabando; ainda bem, porque não foi nada bom.*

Fiquei espantado com este desânimo e você também ficará, ao saber que ainda estávamos em agosto. Tínhamos mais quatro meses e ela já estava esperando acabar o ano para fazer algo diferente em sua vida.

Confesso que agir desta forma é se comportar com total falta de inteligência. A qualquer momento você pode iniciar o seu *réveillon*, a virada em sua vida. A partir do momento em que realmente tomar uma nova decisão, construirá resultados para o seu "agora".

Existe outra falsa convicção de que é necessário muito tempo para que se consiga fazer uma mudança.

Na realidade, não é o tempo que faz a mudança, o que faz você mudar é a decisão tomada. Talvez você demore muito para tomar uma decisão, acreditando que o tempo é responsável por fazer uma mudança. São as decisões adotadas que geram as transformações e não o tempo demandado para tomar as decisões. Não precisamos esperar o tempo passar, mas é importante apenas tomar decisões o quanto antes. Se você não está satisfeito(a) com este comportamento de fazer as coisas pela metade, tome uma INTEIRA decisão de mudar, mas não pode ser amanhã, na semana que vem ou durante a passagem do ano. Esta decisão tem de ser tomada AGORA.

Sempre que você se deparar com um comportamento ou situação desagradável, tome a decisão de mudar imediatamente.

Mais doloroso do que mudar será o preço pago pela estagnação.

Lembre-se: jamais existirá ano novo com comportamentos antigos.

2. *Fracassados são contadores de histórias*

Fracassados não contam histórias vencedoras, vivem contando "historinhas" ou arrumando desculpas. Essas pessoas são vítimas das circunstâncias e do ambiente. É sempre culpa de alguém ou de alguma coisa. Os seus resultados medíocres nunca são culpa dele(a). Existem dois tipos de pessoas neste mundo, aquelas que fazem as coisas acontecerem e as que apenas arrumam desculpas ou justificativas.

Em que time você está jogando atualmente?

Você é alguém que produz resultado?

Se você não está produzindo resultados, deve estar criando, com excelência, ótimas desculpas. Se você não se especializar em produzir resultados, por consequência será especialista em encontrar desculpas que possam justificar, para si e para os demais com quem convive pessoal ou profissionalmente, porque não faz as coisas acontecerem.

Procure se lembrar de uma vez em que seu chefe lhe delegou uma tarefa e você não executou, talvez tenha adiado ou estivesse com preguiça, talvez estivesse sem foco e utilizou seu tempo com outras coisas que até então não tinham a mesma urgência ou importância; enfim, você não fez. Quando ele cobrou a tarefa, qual foi sua primeira reação?

Contar uma linda "historinha".

Você já tem desculpas acumuladas ao longo de anos, na ponta da língua, padronizadas para a resposta conveniente. Sei que você já deve ter feito isso algumas vezes. O grande problema é que está adotando um péssimo hábito ou padrão negativo, contando histórias e encontrando desculpas.

Você então começa a agir desta forma e de tanto especializar-se, quando alguém lhe pede algo, já não faz por que tem uma desculpa pronta pra dar.

Se eu lhe perguntar:

Por que você ainda não fez da sua vida aquilo que sempre almejou?

Por que ainda não é a pessoa que sempre sonhou?

Por que ainda não realizou seus sonhos?

Qual será a sua reposta?

Eu não tenho dinheiro.
Eu não tenho tempo.
Ninguém me ajuda.
Nunca tive apoio de ninguém.

Estes são os exemplos mais comuns das desculpas ou historinhas que as pessoas contam.

Quais são as desculpas que você vem utilizando para não realizar os sonhos e objetivos?

Escreva aqui sua historinha:

____

____

____

Se você escreveu a historinha que vem contando, pegue uma caneta e risque esta desculpa, como gesto-símbolo da decisão de não usá-la mais para justificar os motivos pelos quais ainda não realizou seus sonhos.

Agora tente imaginar como será sua vida se as desculpas e justificativas forem substituídas por ações.

Volto a dizer, você faz a coisa acontecer ou se especializa em contar histórias e encontrar culpados.

Quero compartilhar uma história com você, no chamado Dia da Expiação, que consta no livro bíblico de Levítico. Os hebreus organizavam uma série de rituais, pois pretendiam purificar sua nação. Para tanto, estruturavam o ato religioso e utilizavam um bode. Este era transformado em "bode expiatório" e, por isso, tinha a função ritual de carregar todos os pecados e problemas da comunidade. Neste instante, um sacerdote levava as mãos até a cabeça do animal inocente e recitava solenemente todos os problemas das pessoas, para que ele carregasse, simbolicamente, os pecados e problemas da população. Depois disso, o animal era sacrificado, para que as pessoas recebessem a purificação. Até hoje, utiliza-se o bode para tirar de si a responsabilidade.

Para ter sucesso, você deve assumir a responsabilidade sobre as ações e desta forma, colocar ponto final neste "bode" que tem usado para culpar, justificar ou negar as razões pelas quais vem se conformando com uma vida e um resultado abaixo de seu verdadeiro potencial.

Abandone a história narrada até aqui com desculpas e justificativas, para começar a construção da sua história de sucesso e realização, inspirando inúmeras pessoas.

3. Fracassados sentem raiva de pessoas bem-sucedidas

Isso é inacreditável, mas uma triste realidade. Pessoas fracassadas vivem arrumando defeito para pessoas vencedoras. Os fracassados rotulam vencedores como arrogantes, trapaceiros, bajuladores, pessoas ruins e tantos outros rótulos que não caberiam nestas páginas. Reflita sobre isso:

Você jamais se tornará algo ou alguém que tanto rejeita. Se acha que apenas quem é ruim tem sucesso, o fato é que você jamais será um vencedor(a).

Você precisa aproximar-se dessas pessoas. Elas sabem o caminho, já experimentaram o que há de benéfico e espinhoso no percurso que você pretende trilhar. Converse com elas, entenda o que fizeram para chegar ou se tornar quem são, descubra suas estratégias. Se você tem tanto para aprender com tais pessoas, por que evitar o contato e a aproximação?

Imagine que seu filho decida se tornar médico e tenha a única oportunidade de escolher alguém para lhe dizer como é a carreira e a vida de um médico. Ele tem as seguintes opções: um médico que atua na profissão há dez anos, um estudante de medicina, uma pessoa que está frequentando o cursinho para ser aprovada em medicina, um ex-estudante de medicina e uma pessoa que também deseja ser médica. Em sua opinião, quem seria a pessoa mais adequada para conversar com o seu filho?

Com certeza é o medico que já atua na profissão, não é verdade? E por que esta pessoa é a mais indicada? Imagino que você já entendeu onde quero chegar... Então comece a escolher seus modelos, aproxime-se, converse, entenda os pensamentos, valores e convicções dessas pessoas bem-sucedidas.

Lembre-se: antes de ter, você precisa ser.

Diga-me com quem anda que eu te direi para onde vais. As pessoas que escolhemos para estar ao nosso lado são mais importantes do que a nossa genética. Não importa qual a sua origem, não sei se você veio de um berço de ouro ou não...

Não importa se você vem de uma família humilde ou de uma família rica. A origem não determina o grau de sucesso que experimentaremos em nossa vida.

No passado bem distante, esta regra era verdadeira, quem nascia rico seria sempre rico e quem nascia pobre estaria fadado a ser pobre para o resto da vida. Hoje isso não existe mais, temos na história e talvez você até conheça pessoas que refutaram esta antiga verdade. Conhecemos e lemos sobre pessoas que se lançaram além das limitações, saíram de lugares pobres e miseráveis para desfrutar uma vida de riqueza e prosperidade.

Escolher as pessoas que seguirão com você na jornada será determinante para o sucesso. Cuidado com pessoas invejosas, interesseiras e, sobretudo, com os especialistas em desencorajamento. Jamais dê ouvidos a esses tolos e forme alianças com pessoas do bem, que vibram com suas vitórias.

Olhe com atenção e constate quais pessoas estão ao seu lado, se elas vibram em cada progresso, mas não preste atenção somente naquilo que elas **dizem**, observe o que elas **fazem**.

Se não fizer isso quando estiver se aproximando do seu País das Maravilhas, estes até ali "amigos" começarão a sentir raiva, mas, na realidade não é uma raiva de você, eles sentem de si, porque não estão conseguindo progredir da mesma maneira. Se isso acontecer, continue a jornada, pois tais pessoas não estão vibrando nas mesmas energias que você e se movimentando na mesma velocidade, portanto se excluirão naturalmente de sua vida. Reflita sobre a seguinte questão:

Os amigos de hoje talvez não sejam os mesmos de cinco anos atrás, exceto por alguns muito queridos e verdadeiros. Por consequência, provavelmente seus amigos de hoje também não serão os mesmos nos próximos cinco anos.

Isso acontece e acontecerá porque as pessoas não se movem à mesma velocidade. Seria o mesmo que viajar em uma Ferrari e os seus amigos em carros diferentes. Os carros não têm o mesmo ritmo de velocidade e provavelmente alguns ficarão para trás, fazendo com que tenha de seguir sozinho(a). Nesta viagem, conhecerá outras pessoas, algumas capazes de acompanhar seu ritmo e outras não. Talvez você encontre pessoas que estarão na mesma energia e velocidade. O processo é continuo. Depois de um tempo, você terá de acelerar. Alguns amigos seguirão contigo, mas outros ficarão para trás. É um processo de eterno movimento.

Lembrete: pessoas bem-sucedidas são modelos para observar e aprender. Como eles já chegaram onde queremos estar, se tivermos acesso ao mapa utilizado, chegaremos muito mais rápido. Durante a jornada, cuidado com as pessoas que tentarão minar sua energia.

4. Fracassados vivem se economizando

Este item é o oposto do comportamento de pessoas com sucesso, que sempre dão o máximo de si. Os fracassados vivem se economizando. O vencedor age como o coelho veloz e o fracassado vive como a lesma preguiçosa.

O maior desperdício de uma vida é deixar de realizar os sonhos por economia de esforços.

Por que você vem se economizando?

Por que você se economiza na construção de sua obra-prima e do seu país das maravilhas?

Você tem se economizado para quais pessoas de seu relacionamento?

Para quem você vem economizando amor e atenção?

Você está economizando energia e dedicação para usar quando estiver velhinho(a)?

Você pretende usar toda sua motivação, energia, empenho e dedicação, quando se aposentar?

Preciso alertá-lo o quanto antes, para que não seja tarde demais:

Nossa energia e dedicação são diferentes do dinheiro, que economizado, acumulará ao sabor do tempo.

Toda a energia que você está economizando e deixando de usar, na verdade está sendo jogada na lata do lixo, porque tudo que você não usa se perde. Todo este tempo que você veio se economizando está perdido. Então pare de uma vez por todas de se economizar, proíba-se de fazer as coisas *mais ou menos*. Pare de fazer somente o mínimo necessário ou o suficiente. Como já escreveu Napoleon Hill em seus livros, pessoas de sucesso andam uma milha extra. Eu costumo dizer que as pessoas de sucesso correm vários quilômetros extras. Tome mais uma decisão inteligente na sua vida:

PARE DE SE ECONOMIZAR!
ECONOMIA DE ESFORÇO = NADA DE RECOMPENSA.

Economizar energia é como investir em ações de uma empresa falida. O seu retorno será zero.

Vamos relembrar os quatro comportamentos de pessoas fracassadas?

1. Fracassados fazem as coisas pela metade;
2. Fracassados são contadores de histórias;
3. Fracassados sentem raiva de pessoas bem-sucedidas;
4. Fracassados vivem se economizando.

Quer ter sucesso? Basta repetir os comportamentos das pessoas de sucesso.

Quer se tornar um fracassado? Basta repetir os comportamentos das pessoas fracassadas.

Observe o tipo de comportamento que está assumindo e descubra o tipo de pessoa que se tornará.

Como criar novos comportamentos

Listei para você alguns comportamentos das pessoas de sucesso e outros comuns entre as pessoas fracassadas. Agir como fracassado ou vencedor é uma escolha que fazemos diariamente e não algo que circunstancialmente nos acontece. Você tem o poder de escolha comportamental. Não pense que agindo como fracassado, terá resultados característicos de vencedores. Para abandonar um antigo comportamento indesejado, você precisa substituí-lo por um comportamento desejável.

Escreva abaixo quatro comportamentos que você tem e não tolera mais:

____

____

____

____

Agora faça uma lista de quais devem ser seus novos e substitutivos comportamentos, para chegar aonde deseja:

____

____

Talvez esteja pensando: *tudo bem, eu sei que tenho comportamentos improdutivos para resultados e já sei quais são os comportamentos ideais a partir de agora, mas como farei esta mudança de comportamentos?*

Como estabelecemos um padrão de comportamento?

A princípio, quero explicar como estabelecemos um padrão de comportamento e depois você aprenderá a técnica poderosa da programação neurolinguística para substituir o comportamento indesejado por um fortalecedor.

Os comportamentos não apareceram em nossas vidas por acaso, nós os produzimos. Qualquer coisa na natureza humana que é reforçada através da repetição se torna um hábito ou um padrão. O sucesso é erguido com aquilo que fazemos constantemente e não com aquilo que fazemos de vez em quando. Ele é construído com a constância de nossos comportamentos mais fortalecedores. Por isso venho aludindo que não adianta você dar o máximo de si *só de vez em quando*, afinal este *de vez em quando* não se tornará um padrão de comportamento. Quando você se economiza mais do que se empenha, o eco desta repetição se tornará um padrão de *comportamento economizado.*

Vou explicar como tudo isso funciona em nosso cérebro. Quando temos um comportamento novo, é criado em nosso sistema nervoso um caminho neural e cada vez que usamos este novo comportamento, seja ele bom ou ruim, o

caminho neural é fortalecido em nosso cérebro, aumentando seu tamanho. Sempre que repetimos o comportamento, se torna mais intenso em nosso cérebro. Após usarmos várias vezes, este caminho se solidifica e automaticamente é estabelecido um padrão de comportamento. O nosso cérebro, para poupar energia, sempre escolherá aquilo que estamos acostumados a fazer.

Vamos imaginar que um dia você precisou fazer algo pela primeira vez, e então demandou apenas o mínimo necessário para concluir a atividade.

Em seu cérebro, um caminho começou a se formar para este comportamento ***"fazer o mínimo necessário".***

Imaginemos agora que apareceu uma outra tarefa doméstica e mais uma vez você fez somente o mínimo. Este caminho aumentará de tamanho. E começaram a surgir várias tarefas, sendo que em cada uma você agiu se economizando. *Pronto!*

Você já possui um padrão de comportamento: se economizar.

Este novo padrão fará parte de você. Todas as vezes que precisar fazer algo, seu cérebro vai escolher o comportamento ao qual está acostumado. Vai ser automático.

Por que isso acontece? Porque o caminho neural já está feito e intensificado, para que não precise pensar para agir. Assim, sempre se economizará.

Existem pessoas crentes de que o comportamento é como um membro do corpo: se for retirado ou substituído, vai fazer falta!

O modo como estabelecemos um padrão de comportamento fortalecedor ou limitador é exatamente o mesmo. Observe agora os quatro comportamentos que você listou, mas saiba que representam apenas um padrão e não um membro do seu corpo. Não fazem parte de você; é possível abandoná-los ou substituí-los.

A forma mais efetiva de desfazer este caminho neural que corresponde ao comportamento indesejado é deixar de usá-lo. Todas as ações que deixamos de usar tendem, neurologicamente, a desaparecer.

Você escreveu quatro comportamentos que não deseja mais em sua vida e agora já sabe que o desuso é a melhor arma para abandoná-los, mas também listou os desejáveis. O que você precisa fazer agora, conscientemente, é começar *o uso dos comportamentos desejáveis*.

No início, será necessário um pouco de esforço e sacrifício, mas com o passar do tempo, o novo comportamento se tornará espontâneo e automático.

Se você achar difícil fazer este esforço consciente com todos os comportamentos desejáveis, escolha um que seja o mais fortalecedor, impulsionador e que tenha, segundo sua análise, a máxima urgência de se estabelecer.

Vou repetir esta frase para você gravar bem: no início, você precisará usar conscientemente o comportamento, até que ele se torne tão inconsciente e espontâneo quanto respirar.

Por exemplo: vamos imaginar que você tinha o comportamento de gritar com as pessoas que ama, sempre que não faziam aquilo que pediu ou quando não atendiam suas expectativas.

Então, você decidiu ser uma pessoa paciente. Vamos imaginar que alguém não atendeu suas expectativas e a resposta natural seria gritar com a pessoa. Agora, ao invés de gritar com ela, você vai escolher uma resposta mais adequada para a situação. Digamos que tenha escolhido responder das seguintes formas: 1) respirar e conversar calmamente; e 2) talvez você possa sair de cena, estrategicamente aguardando que a raiva passe e então, pós-pico de raiva, retomar a conversa. Estes são apenas exemplos de possíveis escolhas. Porém, você decidirá a melhor conduta diante de cada situação.

Para ficar mais claro o entendimento e gerar mais resultado, quero pedir que escreva o comportamento indesejado, a resposta automática que você tem e qual deveria ser a nova resposta para mudá-lo. Por exemplo:

Comportamento: eu sou intolerante.

Resposta automática: gritar com as pessoas.

Novo comportamento: eu sou paciente.

Nova resposta: sair de cena, deixar a raiva passar e conversar com tranquilidade.

Escreva abaixo o comportamento indesejado, a sua resposta automática e a nova resposta mais adequada.

Comportamento indesejado	***Sua resposta automática atual***	***Nova resposta ou resposta mais adequada***
Ser intolerante	*Gritar com as pessoas*	Sair de cena e deixar a raiva passar

Agora que você já decidiu a nova resposta, comece a agir da forma escolhida. Desta maneira, o caminho neural antigo de "gritar com as pessoas" será desfeito e substituído por um novo caminho mais adequado.

Na fase de bebê, quando queríamos nos deslocar de um ponto para outro, precisávamos engatinhar. Porém, depois de um tempo aprendemos a caminhar. Abandonamos o processo anterior e passamos a utilizar somente as pernas para nos movimentar e o que ocorre neste processo é o mesmo em relação à mudança de comportamento. O caminho neural de engatinhar caiu em desuso e foi substituído pelo novo processo de andar.

Quando eu era adolescente, tinha o péssimo comportamento de nunca terminar as coisas que começava. Decidi fazer inglês, parei dois meses depois. Resolvi então fazer um curso de *web designer,* mesmo considerando que não tinha computador e nem dinheiro. Você deve imaginar o que aconteceu. Parei o curso antes de iniciar o segundo mês. Entendi, afinal, que todo início de algo me deixava com extrema empolgação, mas invariavelmente abandonava pouco tempo depois.

O início de uma grande virada em minha vida aconteceu quando tomei a decisão de abandonar o comportamento de deixar as coisas pela metade. Percebi que toda decisão que eu tomava, como por exemplo, mudar de emprego ou fazer uma faculdade, deixava minha mãe insegura e preocupada. Ela imaginava que eu estava abandonando ou abandonaria mais uma vez o que estava começando.

Na realidade, eu estava mudando os comportamentos e trocar de emprego era uma tentativa positiva de buscar uma atividade que me realizasse. Queria também um salário melhor, para pagar os treinamentos e cursos que sempre quis fazer. Minha mãe não compreendia e dizia: - *Filho, por que você pediu demissão? Filho, por que você pediu demissão? Filho, você está trocando o certo pelo duvidoso.*

Sempre respeitei os pais e responder para eles não era um comportamento meu. Porém, eu pensava: *"O que é o certo? Será que o certo, como minha mãe falava, era trabalhar em algo que não me satisfazia? Será que o certo era deixar o medo me paralisar e não arriscar em projetos grandiosos?"*

Se isso tudo é considerado como certo, prefiro viver no território das incertezas. Mesmo contrariando minha mãe neste aspecto, eu tomava as decisões que achava necessárias para o crescimento. Errei muitas vezes, fiz escolhas estúpidas, tomei decisões equivocadas, mas tudo significou para mim o aprendizado necessário para construir uma vida extraordinária. Esta decisão de mudar um comportamento destruidor foi determinante para tornar possível esculpir a obra-prima da minha vida e entrar no meu país das maravilhas.

Você já tem consciência dos comportamentos que deseja mudar e daqueles que são mais úteis para sua vida. Chegou o momento de listar seus maiores sonhos e desejos.

Chegou o momento de sonhar... Imagino que você deve ter muitos sonhos e desejos não realizados, por isso vou disponibilizar um espaço para colocar seus 30 maiores sonhos. Preencha sua lista com aqueles que possam inspirá-lo e que valem à pena conquistar.

Escreva abaixo 30 objetivos (sonhos e desejos) que deseja realizar em sua vida:

Neste momento não se preocupe em "COMO", apenas escreva, o que você quer SER, TER ou FAZER.

1- ______________________________

2- ______________________________

3- ______________________________

4- ______________________________

5- ______________________________

6- ______________________________
7- ______________________________
8- ______________________________
9- ______________________________
10- ______________________________
11- ______________________________
12- ______________________________
13- ______________________________
14- ______________________________
15- ______________________________
16- ______________________________
17- ______________________________
18- ______________________________
19- ______________________________
20- ______________________________
21- ______________________________
22- ______________________________
23- ______________________________
24- ______________________________
25- ______________________________
26- ______________________________
27- ______________________________
28- ______________________________
29- ______________________________
30- ______________________________

Esta lista é muito importante para a continuidade da leitura deste livro. *Volte para sua lista e circule 5 dos 30 OBJETIVOS (SONHOS E DESEJOS) que você sente mais urgência para fazer acontecer.*

Escreva abaixo estes 5 OBJETIVOS (SONHOS E DESEJOS) mais urgentes:

1- ____________________________________

2- ____________________________________

3- ____________________________________

4- ____________________________________

5- ____________________________________

O que impede você de realizar os sonhos? Por que ainda não realizou tudo que escreveu em sua lista? Por que ainda não se tornou quem você tanto quer se tornar? Por que ainda não fez tudo que gostaria de fazer?

Sabe por que ainda não É, não FEZ e não TEM tudo que você quer?

Porque existem coisas que impedem você de realizar os sonhos.

Você pode concordar que se nada o impedisse de realizar os sonhos, com certeza absoluta já teria realizado?

Escreva aqui tudo que vem impedindo você de realizar os sonhos:

____

____

____

____

____

____

____

____

Escuto de algumas pessoas que nada as impede de realizar os sonhos. Essas pessoas muitas vezes não percebem que existe um abismo constrangedor que separa o discurso delas dos seus resultados. Elas comunicam algo, mas os resultados estão longe de ser aquilo que falam.

Destrua as grades do medo e da preguiça que separam você dos seus sonhos.

Chegou a hora de destruir as grades do medo e da preguiça. Chegou a hora de avançar para realização dos seus sonhos...

Os principais ladrões de sonhos são o medo, a insegurança, as dúvidas, o desânimo e a preguiça.

Muitas pessoas colocam a falta de dinheiro como principal elemento impeditivo na realização dos sonhos. Talvez, este seja um motivo real, porém eu quero que você saiba: os ***comportamentos*** nos impedem de realizar sonhos, assim como nos fazem gastar todo o dinheiro que temos e recebemos. Por isso, não coloque foco na falta de dinheiro, existem outras motivos que estão impedindo você de realizar os sonhos.

Quero compartilhar a metáfora de um alpinista que sempre buscava superar mais e mais os desafios. Depois de muitos anos de preparação, ele resolveu escalar o Aconcágua, mas queria a glória somente para si e decidiu fazer a escalada sem nenhum companheiro.

Ele iniciou a escalada. Bem mais tarde, o céu começou a escurecer, porém o alpinista não havia se preparado para acampar. Então resolveu seguir a escalada, decidido a atingir o topo. Escureceu definitivamente e a noite caiu como um breu nas alturas da montanha. Não era mais possível enxergar nada, absolutamente um palmo à frente do nariz. Tudo era escuridão, zero de visibilidade. Para agravar o problema do esportista solitário, a lua e as estrelas estavam encobertas pelas nuvens, que de tão escuras, pareciam fantasmagóricas.

Subindo por uma "parede", quando restavam apenas 100 metros para atingir o cume, ele escorregou e caiu.

A velocidade da queda era vertiginosa. Somente conseguia ver as manchas que passavam cada vez mais rápidas na mesma escuridão. Sentia a terrível sensação de ser sugado pela força da gravidade.

Ele continuava caindo e nestes angustiantes segundos, passaram por sua mente todos os momentos felizes e tristes de sua vida.

Subitamente, sentiu um puxão forte que quase o partiu pela metade. Como todo alpinista experiente, havia cravado estacas de segurança com grampos a uma corda que fixou na cintura.

Diante do silêncio que reinava naquele momento, suspenso pelos ares na completa escuridão, não sobrou para ele nada além de gritar:

— OH, MEU DEUS, ME AJUDE!

De repente, quebrando aquele silêncio estabelecido entre o alpinista e a montanha, uma voz grave e profunda, vinda do céu, respondeu:

— O QUE VOCÊ QUER DE MIM, MEU FILHO?

— Salve-me, Deus, por favor!

— Você realmente acredita que eu possa salvá-lo?

— Eu tenho certeza, meu Deus.

— Então corte a corda que o mantém pendurado!

Houve um momento de reflexão. O homem se agarrou mais ainda à corda e refletiu que se a cortasse, morreria.

O alpinista então creditou aquela estranha conversa a algum eventual delírio de sua mente, compreensivelmente confusa diante do risco. Imaginou que seu inconsciente estava lhe pregando uma peça, movido por medo, frio, solidão e, principalmente, pela impotência de não ter para quem pedir socorro. Assim pensando, ali decidiu permanecer, afinal a corda lhe sugeria o único vínculo com a vida.

No dia seguinte, encontraram o corpo do alpinista congelado e agarrado a uma corda de segurança. Apenas dois metros de altura o separavam do chão.

Esta história nos faz refletir sobre o impacto do medo em nossas vidas.

Quem é seu carcereiro? Você tem sido refém de que ou de quem?

Você tem sido refém do seu trabalho, das dívidas, de sua família?

Essa corda com a qual você vem se agarrando por muito tempo talvez esteja impedindo que vá mais longe. Ela é representada pelas emoções negativas que vem experimentando diariamente e tem o poder de frustrar a realização dos sonhos. Essas emoções geram os comportamentos que você listou anteriormente.

Escreva abaixo as emoções negativas que mais experimenta em seu dia a dia.

Pense em uma semana convencional para ser usada como referência neste exercício. Existem semanas que são extraordinárias e outras, dignas de serem esquecidas, por isso não quero que você pense sobre estes extremos. Baseie, portanto, a reflexão em uma semana rotineira.

As emoções negativas que mais entro em contato em um dia comum são:

____

____

____

____

____

____

____

____

Agora descreva três emoções sobre as quais mais sente a necessidade de controlar. Use como referência as emoções que anotou anteriormente.

Alguns exemplos: medo, insegurança, desânimo, frustração, preguiça, tristeza, vingança, intolerância, raiva, impaciência...

____

____

____

____

____

____

Pense a respeito do impacto que essas emoções têm causado em todas as áreas da sua vida... Sua carreira, relacionamento, finanças; enfim, faça uma avaliação sincera e honesta sobre este impacto devastador. Em sua opinião, são emoções que merecem ser cultivadas e mantidas em sua vida? Tenho certeza que sua resposta é NÃO.

Como já tem consciência do impacto negativo que causam em seus relacionamentos, na carreira e também nos objetivos, tome uma nova decisão. Talvez, uma das mais sábias seja assumir o controle dessas emoções e substituí-las por emoções positivas.

Em breve, promoverá esta transformação de emoções negativas para emoções fortalecedoras, mas antes precisa decidir como quer viver os seus dias de agora em diante. Estou falando das emoções que quer experimentar e manter, independente do que aconteça, mesmo que o mundo lhe vire as costas, mesmo se as pessoas que ama traírem você ou ainda que o mundo desabe, permanecerá no mesmo estado emocional que decidiu sentir.

No melhor estado emocional, você consegue se posicionar de maneira diferente diante do problema e encontrar a solução se torna muito mais fácil.

Esta decisão terá de ser tomada agora e mantida diariamente, caso contrário será refém das circunstâncias ou das pessoas.

Ser refém das circunstâncias é levantar pela manhã, contemplar o tempo chuvoso, frio e automaticamente, sentir-se com preguiça e desânimo.

É comprovado que a maneira como iniciamos a manhã determinará o tipo de dia que teremos. Você pode chegar ao trabalho e se deparar com o chefe, de cara feia. Talvez sinta medo, fique inseguro(a), achando que o problema pode ser contigo. Se isso acontecer, se tornará refém do humor dele.

Ser refém das circunstâncias é como sentir-se amado(a) somente quando alguém especial (marido, esposa, pai, mãe ou filho) der este amor que você espera.

Se o ambiente estiver harmonioso, eu me sinto em paz, mas se o caos é dominante, fico estressado(a).

A abstenção da escolha sobre como se sentir sempre nos tornará reféns de circunstâncias, pessoas e ambientes.

Tomar a decisão de assumir o controle das emoções consiste em um grande salto para a realização dos seus objetivos.

Os nossos resultados são frutos de comportamentos, que por sua vez derivam das emoções. O domínio emocional determinará os resultados.

Emoções = comportamentos = resultados

Medo = insegurança = mediocridade

Coragem = atitude = metas alcançadas

Não existem segredos, concluindo, para desvendar quais resultados você terá na vida. Basta observar que tipo de emoções vem sentindo com mais frequência.

Segunda Parte: Uma Nova Consciência

- Selos Dourados
- Vacinação contra a paralisia adulta
- Assumindo o controle de sua vida
- R-E-S-U-L-T-A-D-O & B-E-N-E-F-Í-C-I-O
- Força Sabotadora x Força Impulsionadora
- Construa um time interno forte!
- Território das certezas x Território das incertezas
- Faça sua agenda. Administre seu tempo!
- Administração do Tempo
- Agenda Extraordinária
- A.T.I.T.U.D.O

Selos Dourados

Na infância e adolescência, um dos poucos *hobbies* que eu tinha era colecionar álbum de figurinha, uma das coisas que mais me divertia e dava prazer. Eu era muito bom batendo figurinhas e fazia parceria com um amigo para completar os álbuns da época.

Pensando nestes momentos, cheguei à conclusão de que na verdade nós não colecionávamos figurinhas, mas sim ALEGRIAS. Se você experimentou, sabe exatamente o que estou falando. Quando íamos à banca de jornal comprar figurinhas, o que sentíamos?

O sentimento era de alegria, não é verdade?

Eu sentia muita alegria ao abrir os pacotinhos e ver que tinham figurinhas faltantes. Sentia muita alegria quando as trocava com os amigos, assim como ficava feliz quando batia *figurinha.*

Sentia ainda mais alegria quando colava as figurinhas no álbum. Tudo que estava relacionado com as figurinhas era motivo de contentamento. Metaforicamente falando, costumo dizer que quando completamos um álbum de figurinhas, o trocamos por FELICIDADE. A soma das alegrias nos leva para este caminho.

O tempo passou, crescemos e nos tornamos adultos. Começamos a trabalhar e constituímos família. Deixamos, então, este álbum da ALEGRIA de lado e começamos a colecionar novas figurinhas em três álbuns distintos.

Você sabe quais são estes álbuns que todas as pessoas estão colecionando diariamente?

São os álbuns do MEDO, da RAIVA e da TRISTEZA.

Sempre que sente medo, insegurança, ansiedade, fraqueza, incapacidade e dúvidas, você está colando figurinhas neste álbum do medo. Em nosso dia a dia, acontecem dezenas de circunstâncias que nos faz sentir e entrar em contato com estas emoções.

Pense nos medos, inseguranças, dúvidas, incapacidades e incertezas que você vem sentindo. Juntos, tais sentimentos representam as figurinhas do medo que você tem colado no álbum. Talvez, não tenha se dado conta de que chegará um dia no qual, de tanto colar figurinha no álbum do medo, o completará e quando isso acontecer, você vai trocá-lo por exatamente o quê?

Síndrome do pânico?

Você vai viver paralisado(a)?

Nunca vai dar um passo maior do que a perna?

Vai continuar trabalhando em algo que não gera satisfação, supondo que não dará conta em outro lugar?

Nunca vai abrir a sua tão sonhada empresa?

Vai enterrar os seus sonhos?

Quando você está ansioso(a) em relação ao futuro, outra figurinha no álbum é colada. Pense em que tipo de vida você pode ter se está sentindo, com tanta frequência, medo e insegurança.

Pense no álbum da raiva. Observe as figurinhas que você coleciona no trânsito, com raiva daquele motorista que o fechou, não deu seta ou talvez não tenha dado passagem. Então, você cola estas figurinhas no álbum da raiva. Quando você grita com seu filho(a); quando está intolerante com os colegas de trabalho, impaciente com o papai, a mamãe ou o cônjuge, mais uma figurinha vai para o álbum. De tanto esforço, chegará um momento em que irá completá-lo e, com certeza, vai trocá-lo por um infarto, estresse, câncer e solidão, não é verdade?

Ninguém aguenta passar tanto tempo ao lado de uma pessoa com raiva e ressentimento. As pessoas vão embora e quando você perceber, pode ser tarde demais.

Outro álbum que você pode estar colecionando é o da tristeza. Todas as vezes que sente aquele vazio, se magoa com alguém ou está com a cabeça baixa, mais uma figurinha vai para o álbum da tristeza. Quando estiver completo, pode desejar trocá-lo. Vai viver em depressão? Doente em cima de uma cama? Ficará sem energia para viver?

Entenda: você cola uma figurinha no álbum todas as vezes que experimenta medo, raiva ou tristeza; emoções primárias. Outras emoções derivam delas, por exemplo: insegurança e incapacidade são originárias do medo. A intolerância e o rancor derivam da raiva. O vazio e a mágoa são consequências da tristeza.

Os sonhos ficam gradativamente mais distantes todas as vezes que você sente medo, raiva ou tristeza.

Como agora você tem consciência de que esta coleção apenas proporciona atrasos e perdas em sua vida, chegou o momento de decidir colecionar figurinhas de alegria. Para isso, você precisa tomar outra decisão.

Decida agora: como você escolhe se sentir diariamente?

Alguns exemplos: alegre, entusiasmado, disposto, motivado, corajoso, amoroso, tolerante, forte.

____

____

____

____

Agora que você decidiu como se sentir, chegou o momento de planejar sua vida.

VACINAÇÃO CONTRA A PARALISIA ADULTA

Antes de planejar sua vida, você precisa tomar uma dose de vacina contra a paralisia adulta. Minha filhinha nasceu recentemente e uma das primeiras providências foi vaciná-la contra algumas doenças terríveis. A próxima vacina será contra a paralisia infantil. Fiquei pensando como deve ser terrível para uma criança sofrer desta doença, ter partes do corpo paralisado por um vírus que se instala no sistema nervoso central. Penso que esta preocupação não é só minha, mas de todos os pais e mães.

A vacina contra a paralisia infantil não imuniza contra a PARALISIA ADULTA, vírus tão perigoso quanto o da paralisia infantil. Infelizmente, o que mais vejo são adultos paralisados, assistindo a vida passar diante dos olhos, pessoas que perderam a confiança, a esperança e o ímpeto de realizar os sonhos.

Estão enquadrados na categoria que os gurus chamam de incapacidade condicionada, ou seja, aprenderam a ser incapazes. Estão condicionados a não se mover, paralisaram os sonhos e se contentam com uma vida abaixo do verdadeiro potencial.

Você aceita se vacinar?

Para tomar a primeira dose contra a PARALISIA ADULTA, basta começar assumindo a direção de sua vida.

ASSUMINDO O CONTROLE DE SUA VIDA

Chegou a hora de planejar sua vida. Quero compartilhar o modelo que desenvolvi para planejar metas e atingir resultados.

Este modelo é exatamente o meu nome: Osmar Trindade, porém utilizaremos apenas o T do nome Trindade.

*Modelo **O.S.M.A.R.T** para atingir resultados*

Com este modelo, você vai descobrir toda a extensão da toca do coelho e entrar no país das maravilhas, da mesma forma que Alice fez.

São seis passos, simples e determinantes.

***O** bjetivo*

***S** acrifício*

***M** ensurar*

***A** ções*

***R** esultado*

***T** empo*

Objetivo: *qual é o seu?*

O que você realmente deseja para sua vida? No início do livro, você listou algumas coisas que deseja ter, ser e fazer. Você pode aplicar esta estratégia para todos os objetivos, porém vamos começar com apenas um deles.

No filme *Alice no País das Maravilhas*, tem uma passagem em que Alice está perseguindo o coelho branco. Ela o perde de vista e se depara com uma bifurcação. Surge então um gato em cima da árvore e ela lhe pergunta: *para onde vão esses caminhos?* O gato devolve a pergunta: *mas para onde você quer ir?* Ela responde: *eu não sei.*

Se você não sabe para onde você vai, então qualquer caminho serve - finalizou o gato.

Eu considero muita irresponsabilidade alguém viver uma vida sem metas e objetivos. Ninguém entra em um táxi e diz que não sabe para onde ir. Isso significa que a pessoa valoriza seu tempo e dinheiro, como também deveria fazer com suas metas e objetivos.

Certa vez, o discípulo de um grande mestre perguntou: -Mestre como faço para ser tão sábio quanto o senhor?

O mestre então o levou até a praia. Quando a água estava na altura no joelho, segurou o discípulo pelo cabelo e gentilmente mergulhou sua cabeça. O discípulo ficou submerso por alguns segundos. Quando o mestre percebeu que ele não aguentava mais e estava totalmente sem fôlego, permitiu que se levantasse. Depois de recuperar o fôlego, ainda ofegante, o discípulo perguntou:

Mestre, por que fez isso comigo? O mestre então olhou fixamente em seus olhos e disse com uma voz penetrante:

Quando quiser atingir os objetivos da mesma forma que queria respirar, você os atingirá.

O seu objetivo tem de ser um desejo intenso, tão necessário quanto respirar. Apenas vontade não move as pessoas, é como querer algo sem disposição para pagar o preço. Ter um desejo intenso é estar disposto a fazer o que for necessário para alcançar o objetivo.

As pessoas sempre começam algo com muito entusiasmo, porém com o passar do tempo perdem a motivação quando encontram pelo caminho obstáculos supostamente maiores que os objetivos; então desistem, justamente porque tinham apenas *vontade* de alcançar algo e convenhamos: a ***vontade passa.***

O que você deseja para sua vida? Qual é o seu maior sonho? Que objetivo é este que mal pode esperar para atingi-lo?

Tenha um objetivo ousado e inspirador, aquele que faça você levantar da cama com o maior entusiasmo. Escolha um objetivo que seja capaz de neutralizar sua preguiça, desânimo ou medo.

O objetivo precisa produzir muita energia no seu corpo. Talvez você possa começar agora a pensar nos sonhos, em tudo aquilo que realmente quer para sua vida. Talvez possa fechar os olhos por um momento e pensar em tudo que deseja. Talvez possa voltar na lista que fez anteriormente e ver por qual objetivo começar. Pare agora de cinco a dez minutos e sonhe, pense em tudo que quer alcançar e em seguida valide aquele objetivo que possui maior significância. Defina aquilo que quer e não o que se acha capaz de atingir.

Normalmente, as pessoas começam a traçar um plano para sua vida e então entram em conflito por não se sentirem capazes de realizar, ou não encontram meios de transformar os sonhos em realidade.

Eu tenho a seguinte convicção: quando você tem um PORQUE muito FORTE, "como", no início, não importa muito. Você precisa de uma razão muito forte.

Hoje eu tenho uma razão extraordinária para continuar a jornada: a minha filha Rafaella. E você, qual é a sua razão? Qual é o seu motivo? Motivos movem, motivos arrancam de nós uma força que muitas vezes achamos que não temos.

Quero compartilhar a história de um jovem que há alguns anos não tinha ideia do que fazer com a própria vida. Estava depressivo, perdido, sem confiança ou perspectiva de vida, trabalhando como garçom em uma famosa lanchonete de São Paulo. Apesar de jovem, com apenas 22 anos, sentia que sua vida acabaria não muito diferente do que ele estava vivendo. Culpava todos por aquilo que estava passando. Porém, numa manhã de inverno, depois de uma crise de choro e após olhar seus olhos vermelhos, cheios de lágrimas no espelho, ele tomou uma decisão.

Decidiu revolucionar sua vida e que ela não poderia terminar assim, sem nenhum acontecimento marcante de glória e êxito. Ele não poderia ficar no anonimato, então tomou a decisão de que não se contentaria com uma vida abaixo de seu verdadeiro potencial. Por mais que até aquele momento sentisse que não tinha muito a oferecer, uma voz dentro dele gritava para ser escutada. Uma voz que queria acordá-lo todos os dias.

Então quando decidiu ouvir a voz interior, provocou uma verdadeira revolução em sua vida. Compreendeu que as decisões determinariam seu futuro e não as condições nas quais se encontrava.

Esta pessoa começou a empenhar todos seus recursos para buscar ferramentas, recursos e conhecimentos capazes de transformar a própria vida, bem como, futuramente, transformar e impactar positivamente a vida de outras pessoas.

O jovem e sua namorada, sem capital nenhum, decidiram abrir sua empresa de treinamento. Menos de dez anos depois, possuíam um grupo de empresas, O IMAP (Instituto Matrix de Alta Performance) uma empresa focada em treinamentos para aumento de performance, mudança de comportamento e atitude, o Instituto OT (focado em palestras e treinamentos *in company*) e o NBC (Núcleo Brasileiro de Coaching) especializado em formação de *coaching* e programação neurolinguística.

Sabe por que eu conheço bem a história deste rapaz? Porque sou EU.

Compartilhei minha história, não a fim de parecer importante ou alguém melhor que você. Pelo contrário, o fiz por me considerar alguém igualzinho a você.

Desde que tenha um motivo dentro de si.

Desde que você seja uma pessoa com sonhos e objetivos.

Compartilhei minha história para mostrar que é possível reverter qualquer situação. Não importa que momento você esteja vivenciando, garanto que é possível provocar uma revolução na sua história de vida.

Desde que você também tome uma inteligente decisão.

Esta decisão é exatamente o objetivo com o qual se compromete a atingir.

Afinal, o seu futuro está esperando que tome uma decisão ainda hoje. Mas, antes de definir o que você quer para sua vida, escreva o seu estado atual. Qual é o seu ponto de partida?

Como está a sua vida hoje? Pense em todas as áreas: familiar, profissional, financeira, intelectual, física, social, emocional e espiritual.

Isso que você vai fazer é uma declaração de estado atual.

Descreva detalhadamente como sua vida está:

____

____

____

____

____

____

Agora chegou o momento de definir seu objetivo.

Escreva aqui seu principal objetivo:

____

____

Espero que você tenha escolhido um objetivo realmente inspirador, porque seus sonhos serão possíveis quando tiverem o poder de produzir força suficiente para anular o medo, o desânimo e a preguiça. Somente serão possíveis se fizerem você seguir em frente mesmo quando o mundo desabar, mesmo quando as pessoas que ama e confia traírem sua confiança ou o abandonarem.

Olhe novamente para o objetivo que você escreveu. Certifique-se de que inspira e se de fato produzirá toda a força que necessita.

Feita esta avaliação sincera e honesta, vamos avaliar a fonte de todas as emoções, o PENSAMENTO.

Umas das ações escolhidas para minha jornada rumo ao sucesso foi a substituição de pensamentos limitantes e enfraquecedores por pensamentos impulsionadores. Para ajudar, quero passar para você um mantra muito poderoso que me ajudou e tenho certeza que o ajudará também. Eu repito diariamente e espero que você também use em doses diárias, para fortalecê-lo da mesma forma que me fortalece.

O mantra é exatamente este:

A meta é clara... A razão é forte... O caminho é este... Eu ajo agora...

A meta é clara... A razão é forte... O caminho é este... Eu ajo agora...

A meta é clara... A razão é forte... O caminho é este... Eu ajo agora...

O pensamento negativo é como uma pedra de gelo: sozinha não oferece risco nenhum para uma pessoa, porém, centenas e milhares delas podem formar um *iceberg* e se você conhece a história do Titanic, já sabe sobre seu poder destrutivo.

Apenas um pensamento negativo não prejudicará sua vida, mas dezenas ou centenas deles têm o mesmo poder de um *iceberg* e destruirão seus sonhos e sua vida. Da mesma forma que a cocaína destrói a vida do viciado, o negativismo também acaba com a vida de seus portadores.

Quantos dos seus pensamentos diários dão dúvidas às suas certezas e certezas a suas dúvidas?

Mude seus pensamentos e a melhor estratégia é escolher "que tipo de pensamento ter".

Dois corpos não podem ocupar o mesmo lugar no espaço e dois pensamentos também não podem ocupar o mesmo lugar no cérebro.

Este mantra ocupará sua mente com coisas positivas. Repita-o constantemente.

A meta é clara... A razão é forte... O caminho é esse... Eu ajo agora...

Sacrifício

Iniciar uma meta requer sacrifícios e o principal de todos é abandonar sua zona de conforto. Este passo é um dos mais desafiadores de todos. Eu o considero assim porque nosso corpo tem preferência natural pela busca daquilo que é confortável e mais fácil. Assim, 100% das pessoas no mundo querem atingir seus sonhos, porém mais de 95% delas nada fazem para que aconteça. Elas estão fundidas na massa, paralisadas, sentadas em suas poltronas com o controle remoto da TV na mão, fazendo as mesmas coisas todos os dias, repetindo idênticas escolhas e se comportando da mesma maneira. Sinto em lhe dizer, mas se escolher agir como a maioria, você terá o mesmo resultado da maioria. Você já sabe o que a massa esmagadora das pessoas possui em suas vidas. Todas estão à espera de um milagre, aguardando que algo caia em seus colos, torcendo para que algo de bom venha até elas e não se dão conta de que, exceto chuva, nada vai cair do céu.

Alguma coisa pode até chegar para aqueles que esperam, porém somente os restos, deixados por aqueles que lutam.

Todas as pessoas de sucesso chegaram onde estão porque pagaram um preço para isso.

Decidiram viver conforme suas exigências
e abriram mão das preferências.

Já dizia o filósofo: sua vida tem o verdadeiro início quando você abandona sua zona de conforto. Tenho uma receita infalível para abandonar este lugar que vem sepultando sonhos.

Eu a chamo de *ESTRATÉGIA **LBC** PARA PROVOCAR MUDANÇAS:*

***L**evantar a **B**unda da **C**adeira*

Conheço pessoas que embora adultas, parecem sempre brincar de ESTÁTUA, aquela diversão dos tempos de infância, lembra?

As pessoas vivem em um círculo vicioso, esperando que algo aconteça para começarem a fazer algo, quando, na verdade, deveriam tomar a dianteira. A engrenagem não está rodando da forma certa.

A lei da inércia comprova que um corpo parado tende a continuar estagnado, assim como um corpo em movimento continuará em movimento.

Seus sonhos não têm pernas, mas você tem. Então trate de ir atrás deles. Infelizmente, a tendência natural do ser humano é buscar o caminho mais fácil e confortável. A poltrona da sala e os velhos hábitos preguiçosos são mais atraentes do que a esteira e os halteres da academia.

Assistir a novela deitado na cama é muito mais gostoso do que pegar um ônibus lotado ou ficar preso no trânsito, rumando para a faculdade ou curso.

Ficar na internet navegando pelas mídias sociais é muito mais gostoso do que ler um livro ou planejar a vida.

Quais escolhas você deve fazer para ter qualidade em sua vida ou crescimento pessoal e profissional?

Eu o desafio a se levantar, pegar a caneta e tomar agora no mínimo duas decisões que vem adiando, para que se aproxime dos verdadeiros objetivos e decisões autênticas, capazes de proporcionar a vida que você tanto quer viver.

Talvez você possa se matricular naquele curso de inglês, no de desenvolvimento pessoal ou de aprimoramento profissional, quem sabe até se afastar de pessoas que têm minado seu potencial e sugado sua energia, ou ainda entrar na academia, fazer caminhada, etc. Você pode começar com algo muito simples, mas **faça alguma coisa.**

Martin Luther King certa vez disse:

"Se não puder correr, ande. Se não puder andar, se arraste, mas jamais fique parado".

Pare de brincar de ESTÁTUA e mova-se.

Qual sacrifício que você fará para atingir seu objetivo? Você realmente está disposto a pagar o preço necessário para atingir seu objetivo?

Talvez o foco exija que renuncie à companhia de pessoas que ama, pois você necessitará de foco.

Quem sabe terá de lançar mão das baladas e dos bares para fazer algum curso e se aprimorar. O sacrifício será onipresente. Tornar-se a pessoa que você quer talvez não seja tão fácil. As coisas que você deseja não cairão do céu. Tudo terá um preço e lembre-se de que o sacrifício será passageiro, porém o resultado e o benefício serão permanentes.

Escreva o sacrifício que você fará para atingir o resultado. De que abrirá mão?

____

____

____

Mensurar

Após definir o objetivo, tomar algumas decisões e perceber o sacrifício que fará para chegar onde quer, chegou o momento de MENSURAR.

Esta é a hora de definir as evidências de que está no caminho certo. Como saberá que está próximo(a) do seu objetivo?

Se você fizer uma viagem de carro para uma cidade vizinha pela primeira vez, como vai saber que está no caminho certo? Como você irá se orientar? De acordo com as placas, não é verdade? Elas indicarão se você está no caminho certo e se está próximo ou distante do seu destino. Talvez já tenha dirigido seu carro em uma via com péssima sinalização e por não conhecer o caminho, provavelmente tenha ficado com medo ou inseguro(a). Ou tenha pensado até em pegar o próximo retorno e desistir.

Não definir evidências fará você sentir exatamente a mesma coisa. Talvez desista do objetivo, possivelmente pare no meio do caminho ou, na melhor das hipóteses, continue em frente, mas com uma velocidade reduzida, devido à insegurança. Você precisa mensurar, ou seja, medir seu progresso.

Como saberá que está no caminho correto? Como terá a convicção de que a montanha escolhida para subir é a certa? Como saberá que está próximo(a) do objetivo e como terá a certeza de que chegou aonde queria?

Escreva agora as evidências das quais precisa:

Como saberá que está no caminho certo?

____

____

____

Como saberá que está próximo(a) do objetivo?

____

____

____

Como você terá a certeza de que chegou aonde quer?

____

____

____

É muito importante que monitore seus avanços e progressos. Para isso, todos os dias, antes de dormir, pergunte-se: as coisas que eu fiz e a forma como conduzi a vida hoje, me APROXIMARAM ou me AFASTARAM DOS SONHOS?

Se a resposta o fez crer que se aproximou, excelente continue no caminho!

Porém, se o afastou, então fará um pergunta mais inteligente:

O que vou fazer amanhã para avançar em direção aos meus sonhos e objetivos?

Ações

Seu futuro está esperando que faça algo ainda hoje.

Entramos agora na parte fundamental do processo: estabelecer e atingir metas e sonhos.

Existem três comportamentos que transformarão seus sonhos em realidade: AÇÃO, AÇÃO e AÇÃO.

Somente isso levará aonde você quer chegar. Sem ação, seus sonhos e desejos serão apenas utópicos. Algumas pessoas acreditam intensamente que conhecimento é a chave para a realização, inclusive existe um dito popular que diz *Conhecimento é Poder*. Se você é uma das pessoas que acredita nisso, sinto em lhe dizer, mas conhecimento não é poder.

Se o conhecimento fosse algo determinante, cardiologista não fumaria e endocrinologista não seria obeso.

Ação é poder, conhecimento sem ação é apenas conhecimento. Pense por um instante em Bill Gates, Steve Jobs, Eike Batista, Silvio Santos e tantas outras pessoas que fizeram algo extraordinário.

Pense em quantas pessoas também obtinham o mesmo conhecimento que eles, mas não fizeram o que e como eles fizeram. O que os diferenciou foi o *poder da AÇÃO*, disponível para todas as pessoas no mundo, inclusive para mim e para você. Qualquer pessoa pode fazer coisas extraordinárias, se entrar em ação. Estas pessoas citadas viviam no anonimato, até o momento no qual deram o passo que as levou ao êxito.

Algumas pessoas acreditam que já têm um caminho, um destino definido. Por conta disso, não agem ou fazem nada.

Preciso abrir meu coração com você, querido(a) leitor(a).

Eu não compartilho da ideia de destino, não consigo acreditar que o nosso Criador (Deus, Universo, Força Maior ou Eu Superior) conceda privilégios. Não acredito que Ele tenha olhado para um determinado país e definido que este seria subdesenvolvido e o outro seria uma potência mundial.

Não é possível que Ele tenha olhado para um grupo de pessoas e definido que algumas seriam pobres e miseráveis, enquanto outras ricas e prósperas. Ou então, que Ele olhou para um grupo e definiu que seriam frustrados nos relacionamentos, dependentes químicos, ao passo que outro grupo seria feliz e viveria uma vida de harmonia, glória e êxito.

O Nosso Criador, em sua infinita bondade, jamais definiria um destino amargo para alguns e para outros, um destino promissor.

Ele nos deixou o poder de decidir e fazer o que quisermos com a vida. Alguns entram em ação e fazem a coisa acontecer e outros preferem culpar a vida ou o destino que Deus escolheu para eles.

O que você tem de fazer para atingir seus objetivos?

Quais são os passos que você deve dar para chegar onde você quer?

Vamos imaginar que você quer construir uma casa.

O que você precisa fazer para transformar este sonho em realidade?

1º passo: procurar um terreno;

2º passo: após encontrar o terreno, você precisa adquiri-lo. Para isso, é necessário ver suas economias e buscar financiamentos ou empréstimos;

3º passo: procurar um engenheiro para fazer o projeto da casa;

4º passo: às vezes o terreno precisa ser nivelado, então contratará uma empresa que faça a terraplanagem;

5º passo: encontrar uma empreiteira ou os profissionais para levantar a casa;

6º passo: comprar materiais para a construção.

Enfim, existem vários passos para construir sua casa, mas sei que você conseguiu captar minha ideia em relação a definir as etapas para chegar onde se quer. Chegou a sua vez de fazer isso...

Definição do passo a passo: o que você precisa fazer?

____

____

____

Agora que você definiu seus passos, vamos fazer uma ponte ao futuro.

Quero que se projete para o futuro e imagine que acabou de atingir seu objetivo. Se possível, pare por alguns minutos, feche os olhos e se veja realizando aquilo que tanto quer.

Se for um carro, imagine-se entrando nele, sentando no banco, sentindo o cheiro de carro novo. Quer uma casa?

Veja a casa pelo lado de fora ou entre nela, observe o tamanho da sala com todos os móveis que você deseja, repare os cômodos, a cozinha, o quintal. Veja cada detalhe do seu objetivo alcançado.

Você só alcança aquilo que se vê atingindo, então feche os olhos e desfrute desta possibilidade de já ter alcançado seu sonho ou objetivo.

Agora olhe para os passos que listou de trás para frente e veja se faltou algo ou se precisa refazer algum.

Após definir as ações, chegamos ao penúltimo ponto da estratégia **O.S.M.A.R.T**

Recursos

Faça um inventário dos recursos que você tem e daqueles que precisa desenvolver ou adquirir. Estou me referindo aos seus talentos, qualidades, tecnologia, ferramentas, dinheiro, etc.

Recursos dos quais disponho:

____

____

____

____

____

____

____

____

____

____

____

____

Recursos que preciso desenvolver ou adquirir:

Agora você tem consciência de seus recursos e também daqueles que ainda precisa adquirir.

O próximo passo é saber onde conseguir os recursos que faltam, ou se existe alguém que possa ajudar a preencher essa lacuna.

Onde conseguir os recursos que me faltam:

Você sabe o que lhe falta de recursos e onde adquirir. Metade do caminho já está feito. Para completar a outra metade, você precisa utilizar o "A" de minha estratégia. AÇÃO!

Chegamos então ao último passo da estratégia, que é a definição de prazo.

Tempo

Defina as datas de início e término. Em outras palavras, quando começa a jornada e quando alcança seu objetivo.

Quando não colocamos data, não nos comprometemos. O sonho se torna apenas uma vontade e não será transformado em meta. Definir prazos aumenta o grau de comprometimento das pessoas.

Quando acontecerá o primeiro e quando será seu último passo?

Quanto tempo você vai levar para atingir a meta?

Muitas pessoas têm dificuldade de mensurar o tempo que levarão para chegar ao seu destino. Algumas acabam sendo otimistas cegas, depois desanimam e abandonam seus sonhos.

Por exemplo: você define que será presidente da empresa onde trabalha em dois meses, mas sequer ocupa um cargo de liderança, trabalha como auxiliar administrativo. O desejo de atingir o topo acaba se tornando otimismo cego, com prazo incoerente e irreal. Em pouco tempo, perceberá que este objetivo não era para dois meses e sim para alguns anos.

Em outro exemplo, você quer comprar uma casa avaliada em R$ 5 milhões de reais e seu prazo é de um ano para atingir o objetivo, mas está com muitas dívidas e ganha relativamente pouco. Qual é a probabilidade de alcançar este sonho em um ano? Se ganhar na loteria, pode ser que consiga, mas não devemos considerar o efeito sorte como ajuda na conquista de um objetivo.

Existem também aqueles que duvidam demais de suas capacidades para realizar e estabelecem datas bem distantes. Sonhos que poderiam ser realizados em um ano recebem prazo de cinco. Em minha opinião, as pessoas o fazem por duas razões: 1) Por que acreditam que não precisam agir agora e podem ficar mais tempo sem fazer nada; 2) Precisam de tempo para conseguir coragem e autoconfiança.

Não seja radical na hora de mensurar seu objetivo. Olhe para si, veja suas limitações, observe tudo o que tem de bom. Se você ainda não listou, dê uma pausa na leitura e prepare a lista dos recursos que já dispõe e os que você precisa. Desta forma, definir datas ficará mais coerente. Estabeleça, portanto, estas importantes datas:

Seu objetivo: ______________________________

Data de início: ___/___/____

Data de término: ___/___/____

Utilizamos aqui a estratégia ***O.S.M.A.R.T*** *para atingir resultados:*

O *bjetivo*

S *acrifício*

M *ensurável*

A *ções*

R *esultado*

T *empo*

Agora, quero que você dê algumas notas para as indagações a seguir em relação ao seu objetivo.

Utilize notas de zero a dez, considerando que a nota zero significa que você tem dúvidas e a nota dez, que está totalmente convicto(a).

Quanto você se sente capaz de atingir este objetivo? ______

Quanto você merece atingir esse objetivo? ______

Quanto vale a pena atingir este objetivo? ______

Qual é a importância deste objetivo para você? ______

Espero que tenha respondido nota dez em todos os itens. Caso contrário, deve repensar sobre cada questionamento e "por que" não pontuou nota dez. Continue a leitura e adquira mais recursos para que as suas notas sejam potencializadas.

R-E-S-U-L-T-A-D-O & B-E-N-E-F-Í-C-I-O

Vamos pensar no resultado que terá para sua vida, quando atingir seu objetivo.

Quando atingir o seu maior sonho, qual será o resultado e o benefício para si e para as pessoas que dependem de você?

O que você ganha ao atingir seu objetivo? Qual é o benefício que terá quando desfrutar o seu sonho ou objetivo?

O que este objetivo trará de bom para você e às pessoas que ama?

Ao atingir seu objetivo, alguém irá se prejudicar? Você terá de abrir mão de coisas que valoriza? Vamos imaginar que você quer construir sua casa. Quando atingir este objetivo, você e sua família terão como benefício melhor qualidade de vida, segurança, tranquilidade e conforto.

Você pode identificar a possibilidade de que algumas pessoas sairão prejudicadas. Por exemplo: você vai trabalhar muito mais para que possa pagar as contas, os financiamentos e, consequentemente, passará menos tempo com a família. Imagine que talvez precise mudar de cidade, pois o terreno que estava em suas condições era em outra cidade e, por consequência, se afastará dos pais e amigos.

É muito importante saber dos benefícios e dos prejuízos para tomar uma decisão mais assertiva.

Liste abaixo os benefícios que você e as pessoas amadas terão ao atingir seus objetivos:

____

____

____

____

____

____

Liste abaixo os prejuízos que as pessoas amadas terão quando atingir seu objetivo:

____

____

____

____

____

____

Agora, leia a lista dos benefícios. Vale a pena seguir em frente? Em seguida, leia a lista de prejuízos. Como você pode minimizar os impactos negativos?

Escreva o plano de ação para minimizar os impactos:

____

____

____

____

____

____

____

Força Sabotadora x Força Impulsionadora

Todos nós temos uma força capaz de nos impulsionar ou paralisar. O que vai determinar se esta força é impulsionadora ou sabotadora são as nossas crenças ou, se você preferir, pode chamar de ***convicções.***

Crenças ou convicções são tudo aquilo que acreditamos. É o senso de certeza que temos sobre algo e vai determinar exatamente o que faremos ou não faremos.

As pessoas não têm consciência do impacto das crenças em suas vidas. Se tivessem, é fato que todas optariam por escolher as melhores para auxiliá-las em suas jornadas.

Temos crenças sobre o dinheiro, as pessoas, oportunidades, enfim; crenças sobre tudo. Há quem acredite, por exemplo, que as pessoas com dinheiro ou bem-sucedidas não prestam, ou seja, são "pessoas ruins".

Vamos imaginar que você seja este tipo de pessoa. Como tem a certeza de que riqueza é sinônimo de maldade, acha que se tornará rico(a) algum dia na vida? É claro que não. Jamais se tornará algo que você tanto rejeita. Provavelmente, este tipo de crença foi herdado de outras pessoas, mas ninguém se questiona sobre o porquê acredita tanto nisso.

Quando era criança, meu pai trabalhava como zelador de um prédio em uma região paulistana de classe média. Por conta disso, tinha muito contato com pessoas relativamente ricas. Eu me lembro de ter escutado diversas vezes para não me aproximar de pessoas ricas, pois não eram boas. Eles iriam me humilhar; pessoas ricas não gostam de pobres. Por um tempo, até acreditei em tudo isso, e chegou um tempo em que esta crença começou a não fazer mais sentido. Quando chegava a época de páscoa, eu e meus irmãos ficávamos na expectativa de ganhar ovos, mas como meus pais não tinham dinheiro e somávamos cinco irmãos, não era possível comprar os ovos de páscoa para todos, então eles achavam melhor não comprar para nenhum. Por conta disso, ficávamos muito tristes, era notório o olhar de desolação em todos.

Quando já tínhamos desistido de esperar, sempre aparecia uma pessoa bondosa que morava no mesmo prédio e nos presenteava com os ovos de páscoa. Isso acontecia todos os anos. A partir daí, comecei a me questionar: *será que as pessoas ricas são realmente ruins?*

Outra evidência de que esta crença não fazia sentido aconteceu quando meu irmão mais novo foi diagnosticado com câncer no cérebro. Aquela notícia causou muito desespero, dor e tristeza para os meus pais. Sem convênio médico, sem dinheiro e sem possibilidades, o que faríamos? Esta era a pergunta dos meus pais. Porém, uma pessoa muito bondosa, o Sr. Luis Carlos Franchim, também morador do mesmo prédio, conseguiu que fizéssemos a operação de meu irmão, sem custo algum, no hospital Albert Einstein, um dos melhores do Brasil. Foi uma cirurgia muito difícil, mas meu irmão conseguiu superar a perda de parte do cérebro e venceu o câncer. Ele tinha na época nove anos de idade e daquele ponto em diante, encontraria muita dificuldade para se desenvolver. Dificilmente teria uma vida normal. Esta cirurgia causou um retardo mental. Mesmo com o passar dos anos, ele tinha pouca evolução mental e não conseguia desenvolver o intelecto. Infelizmente, faleceu aos 18 anos. Graças à bondade e amor de pessoas bem-sucedidas, meu irmão conseguiu ter mais nove anos de vida e meus pais, por sua vez, tiveram o presente de passar mais tempo com ele.

Hoje, como pai, eu fico imaginando o tamanho da dor que é perder um filho. Ter convivido por mais nove anos com ele, tenho certeza, tornou a dor um pouco menor, pois os médicos tinham alertado aos meus pais que ele jamais teria uma vida normal e também uma vida curta.

Ao longo de minha vida, tive muitas evidências de que as pessoas são boas e também são ruins, mas isso não está vinculado ao dinheiro.

Avalie suas crenças e convicções, se você tem como verdade absoluta que as pessoas são aproveitadoras. Como é que você irá se relacionar? Sempre ficará com um "pé atrás" em toda relação que entrar.

As nossas crenças são fortalecidas por evidências. Quando você acredita em algo, o cérebro fica buscando evidências para mostrar que está totalmente certo. Ninguém quer se enganar, sempre queremos ter certeza de tudo que acreditamos. Se você acredita que uma pessoa endinheirada "não presta", será natural para seu cérebro procurar defeitos nesta pessoa para atestar que sua crença é verdadeira. Se você acha que as pessoas são aproveitadoras, seu cérebro também vai buscar evidências e direcionará o seu foco para mostrar que está correto(a).

Uma crença leva para frente ou bloqueia. Comece a questionar suas crenças e convicções. Analise para onde elas estão levando sua vida e que tipo de escolhas vem fazendo.

Já recebi em meus treinamentos pessoas que duvidavam da possibilidade de fazer uma mudança consistente e duradoura em apenas três dias de evento. Todas aquelas que avaliaram suas crenças e perceberam o impacto delas nos próprios resultados, automaticamente as substituíram por outras mais fortalecedoras e com isso obtiveram resultados extraordinários. Com outras pessoas, não tive o mesmo sucesso, pois eram tão apaixonadas por suas crenças que não se permitiram abandoná-las.

Existem pessoas que são apaixonadas por suas ideias, crenças e convicções. Possuem um amor tão grande que se deixarem-nas perderão, segundo acreditam, o sentido da vida.

Espero que você não seja este tipo de pessoa. Ao contrário, torço para que perceba: ser apaixonado(a) por crenças limitadoras destruirá seus resultados.

Para avaliar suas crenças, você precisa ser honesto e muito sincero consigo!

Responda as perguntas abaixo:

Meu pensamento mais negativo sobre dinheiro é:

___

Meu pensamento mais negativo sobre o meu trabalho é:

___

Meu pensamento mais negativo sobre oportunidades é:

___

Meu pensamento mais negativo sobre as pessoas é:

___

O pensamento mais negativo sobre mim é:

___

O processo para avaliar suas convicções fortalecedoras é igual.

Meu pensamento mais positivo sobre dinheiro é:

___

Meu pensamento mais positivo sobre o meu trabalho é:

___

Meu pensamento mais positivo sobre oportunidades é:

___

Meu pensamento mais positivo sobre as pessoas é:

___

Meu pensamento mais positivo sobre mim é:

___

De posse destas respostas, em quais decide acreditar?

Quais crenças levarão você até o seu país das maravilhas? Quais convicções esculpirão a obra-prima de sua vida?

As convicções vão determinar exatamente o que fará com sua vida. Quando acreditamos que algo vai dar certo, colocamos tudo de nós para que aquilo realmente dê certo. Como benefício, você atingirá o resultado esperado e terá uma nova evidência de que está certo(a) sobre aquilo que acredita. O inverso também é verdadeiro. Quando achamos que algo não vai acontecer ou não vai dar certo, acabamos por economizar esforços e dedicação. Como consequência natural, as coisas não acontecerão e teremos uma evidência de que realmente estávamos certos conforme aquilo que acreditávamos.

Suas convicções, como um eficiente "GPS", têm o poder de colocá-lo na estrada para o sucesso ou na estrada para o fracasso. Analise suas convicções e escolha em quais vai acreditar.

A escolha das melhores convicções ajudará a construir seu time interno forte e unido.

Construa um time interno forte!

Temos dentro de nós muitas partes e muitas vezes em conflito. Uma parte de você quer comer de tudo e outra quer emagrecer. Uma parte de você quer ler um livro e a outra quer navegar pela internet. Ou, então, uma parte sua quer fazer um curso e a outra quer ficar em casa diante da TV.

Todo mundo passa por estes tipos de conflito, porém a briga interna causa muita confusão e desgaste de energia.

Tente imaginar um time de futebol de campo com dez jogadores na linha, onde metade está correndo para um lado e a outra metade para o lado contrário. É fato que este time jamais ganhará um jogo ou campeonato. É exatamente isso que está acontecendo com as partes conflitantes dentro de você. Elas estão jogando individualmente, cada uma buscando atender a intenção positiva ou atingir um determinado resultado. Cada parte almeja atender uma necessidade e um objetivo específico. Desta forma, fica mais difícil conquistá-lo.

Quando um time está alinhado e olhando para o mesmo objetivo, a energia e o tempo gasto para concretizá-lo são infinitamente menores.

Vou compartilhar com você um exercício que poderá fazer todas as vezes que tiver partes em conflito:

Pense que nossas "partes" são como pessoas. Ninguém gosta de ser privado de algo sem o seu consentimento, nem ser obrigado a fazer alguma coisa contra sua vontade. E, principalmente, sem ser consultado. Assim, devemos tratar nossas "partes" como pessoas e persuadi-las de que o novo comportamento a ser adotado atenderá sua intenção positiva.

Cada parte deve saber sobre a intenção positiva de cada uma e ambas precisam ser atendidas para que exista um equilíbrio interno. Afinal, você não quer parar de perder o tempo navegando na internet e começar a perder o tempo na frente da televisão, não é?

Assim, cada parte, para deixar de fazer o que faz, precisa ser convencida de que o comportamento a ser adotado é positivo e vai trazer melhor resultado para o organismo como um todo do que aquele que será abandonado. Sem este convencimento, a parte já enraizada simplesmente o boicotará.

A melhor opção é promover um encontro entre as duas partes e negociar um acordo. Isso é fácil de fazer e não exige muito esforço, apenas disposição.

Experimente fazer o exercício a seguir.

1. Sente-se em uma cadeira e procure ficar bem relaxado(a). Feche os olhos (peça para alguém guiá-lo neste exercício), respire calmamente. Abra as duas mãos e as coloque em cima dos joelhos. Na mão direita imagine que está a "parte" responsável pelo comportamento indesejado, por exemplo: (perder tempo na internet). Na mão esquerda, imagine que

está a parte que deseja ler um livro (se este for o seu objetivo).

2. Crie uma imagem visual delas, como se fossem, realmente, pessoas com quem você possa conversar. Peça à parte que está na mão direita (comportamento indesejado) que faça um movimento vertical com o dedo indicador quando a resposta for sim e um movimento horizontal quando a resposta for não.

3. Converse com a parte da mão direita. Descubra qual é a intenção dela em querer que você fique na internet. Reconheça a utilidade da intenção positiva, pois a "parte" nunca lhe sugeriria algo que "pensa" ser prejudicial para você. Lembre-se de que a intenção dela é sempre positiva. Você pode descobrir a positividade de uma intenção segmentando a informação sempre para cima, isto é, perguntando, a cada resposta dada pela "parte", qual é o bem que ela quer promover para você com esse comportamento.

4. Após descobrir a intenção positiva da "parte", em nosso exemplo ficar na internet, verifique se ela conhece a outra "parte" (a que deseja ler um livro). Pergunte se ela estaria disposta a conversar com a "parte" ler um livro.

5. Converse agora com a "parte" que está na mão esquerda. Descubra a intenção positiva dela em querer que você leia um livro. Reconheça a utilidade da intenção, como fez com a outra. Lembre-se de que a intenção dela também é sempre positiva. Descubra

esta positividade perguntando, a cada resposta dada pela "parte", qual é o bem que ela pretende gerar para você com esse comportamento.

6. Chegou o momento da apresentação. Apresente uma parte para a outra e conduza, como mediador(a), a negociação. Verifique como uma pode ajudar a outra. Que recursos e informações cada uma possui para ajudar a outra na escolha certa? Pergunte se elas estão dispostas a colaborar entre si para o seu bem? Se a resposta for sim, fale novamente com a "parte" *ficar na internet* e faça-a ver as vantagens de *ler um livro.*

7. Proceda, como indicado no item 3, sempre transformando em aspecto positivo qualquer negativa que a "parte" *ficar na internet* apresentar. Negocie com ela a geração do novo comportamento *ler um livro*, que será gerado por ambas. Se você encontrar dificuldades para fazer com que a parte *ficar* na *internet* se comprometa a cooperar na geração do novo comportamento, faça-a imaginar como seria se ela já tivesse adotado o novo comportamento. Faça-a imaginar o que ela veria, o que diria e o que sentiria se isso já fosse verdade.

8. Depois de obtido o consenso das partes, imagine uma integração entre as duas, como se elas estivessem se juntando para formar uma terceira (junte as duas mãos como se estivesse fundindo-as em uma só).

9. Pergunte para todas as partes de sua personalidade se alguma, entre elas, se opõe a este acordo. Se a resposta for satisfatória, diga que elas continuam

vivas e ativas dentro de você, para o caso de serem requisitadas e que todas as "partes" de sua personalidade reconhecem sua utilidade. Verifique se elas estão satisfeitas com o acordo e depois agradeça a colaboração que elas lhe deram.

10. Observe esta "terceira parte" que foi gerada pela integração das duas. Veja como ela se comporta. Como ela fala, sua postura e gestos.

11. Por último, faça um teste: pense em uma situação na qual sinta vontade de *ficar na internet*. Veja o que está sentindo...

Este é um exercício muito poderoso da PNL, chama-se *squash visual*. É muito eficiente para mudar comportamentos que estão trazendo prejuízos ou constrangimentos.

Faça isso com cada parte que estiver em conflito, para que você possa adquirir um time interno poderoso.

TERRITÓRIO DAS CERTEZAS X TERRITÓRIO DAS INCERTEZAS

Existem duas partes que estão em conflito em todo ser humano. Uma delas eu chamo de *parte das certezas* e outra, *parte das incertezas*. Existem dois territórios ou mundo onde todas as pessoas vivem. No filme Matrix, Morfeu, um dos protagonistas, oferece duas pílulas para Neo, outro personagem. Uma é a pílula azul e a outra, vermelha. Morfeu então diz para Neo:

Se tomar a pílula azul, a história acaba aqui, e você acordará em sua cama, acreditando no que quiser acreditar. Se tomar a pílula vermelha, ficará no País das Maravilhas e eu o mostrarei até onde vai a toca do coelho. Lembre-se: tudo o que ofereço é a verdade. Nada mais.

Se você fosse Neo, tomaria qual das pílulas, azul ou vermelha?

A pílula azul é o que eu chamo de território das certezas e a vermelha, o território das incertezas.

O mundo das certezas é o lugar onde estão as coisas que você já conhece e domina. É o lugar onde está no

controle e consegue controlar seus passos, suas jogadas e sabe exatamente tudo. É o lugar mais confortável que alguém poderia se encontrar. Nele, não existem surpresas, dor e tampouco prazer. Não existe frustração, nem realização. Não existem ganhos ou perdas.

Neste território, não existe vida. Eu o classifico como a sepultura dos vivos. É um lugar sem movimento, sem vida. Nada acontece!

O outro mundo é o lugar das incertezas. Aqui você não está no controle, neste campo não consegue prever a próxima jogada, nem exatas consequências. Aqui pode existir o risco, a dor e a frustração, porém há realização, alegria, felicidade e sucesso. Quem decide viver neste território se sente mais vivo, intenso e completo.

Pense nos sonhos que você tem. Agora imagine estes sonhos a 15 metros de você. Estão bem perto, não é verdade? Você conseguiria chegar até eles? Tenho certeza que sim!

Agora imagine que o chão através do qual você vai percorrer acaba de sumir. No lugar dele, agora tem um abismo e você está a 20 metros de altura. Neste exato momento existe uma lacuna separando você do seu sonho. E para chegar do outro lado, há uma tábua estreita com 15 metros. Você só consegue colocar um pé de cada vez nesta tábua. E agora? Você atravessaria este abismo usando a estreita tábua para chegar ao seu objetivo? Se a resposta for sim, significa que está disposto a viver no território das incertezas, correr riscos e fazer o que for necessário para realizar os seus objetivos. Se a resposta é negativa, então está morando no mundo das certezas.

As pessoas que vivem no mundo das certezas querem atingir seus objetivos, desde que não precisem correr riscos.

Isso é praticamente impossível. Quando nos lançamos para o novo, automaticamente estamos dispostos a assumir riscos.

Você está disposto(a) a abandonar o território das certezas e se lançar ao território das incertezas e correr o risco necessário para entrar no seu País das Maravilhas? Você está determinado(a) a fazer o que for necessário para transformar seu sonho em realidade e abrir mão do conforto temporário?

Como já mencionei para os leitores, 100% das pessoas no mundo querem atingir seus objetivos, realizar sonhos e melhorar os resultados. Porém, 95% dessas pessoas não fazem nada para que isso aconteça.

Essas pessoas passam mais tempo planejando férias do que as próprias vidas. Estão perdendo muito tempo com coisas que não trarão nenhum tipo de beneficio de médio ou longo prazo. Todas as pessoas que buscam conforto de curto prazo, estão fadadas a viver desconforto em longo prazo.

Gastar seu tempo com algo sem utilidade é jogar a vida na lata do lixo.

Para onde direciona o foco, vai sua energia. Para onde vai sua energia, vai a sua vida.

Como você tem utilizado o seu tempo disponível?

Quanto de seu tempo é utilizado para realizar objetivos?

Em 24 horas, quantas são dedicadas a aperfeiçoar suas habilidades?

Quanto tempo é dedicado a cuidar da saúde?

Quanto tempo dedica para a família?

Quanto de seu tempo tem utilizado na internet?

Quanto deste mesmo tempo tem utilizado diante da televisão?

Quanto tempo você tem utilizado com nada significativo?

Quem perde tempo, está perdendo a vida.

FAÇA SUA AGENDA. ADMINISTRE SEU TEMPO!

Imagine que você acabou de ganhar um concurso cujo prêmio seja o seguinte: todas as manhãs, um banco abriria uma conta em seu nome com 86400 reais; mas, como todo jogo tem regras, todo o dinheiro que não for gasto durante o dia será retirado à noite. Você não pode acumular ou poupar e faz-se impossível transferir o dinheiro para outra conta. O banco pode interromper o jogo sem aviso prévio; pode dizer a qualquer momento que acabou, liquidou a conta e não haverá outra. O que você faria?

Você provavelmente gastaria cada real em seu próprio benefício e ofereceria imensos presentes às pessoas amigas e familiares. Trataria de utilizar cada centavo oferecido por este "banco mágico" para transmitir felicidade à sua vida e a daqueles que o rodeiam.

Onde quero chegar com esta metáfora?

Todos nós temos este banco mágico, ele é o tempo. O banco fornece a abundância dos segundos que passam.

Todas as manhãs, quando acordamos, dispomos de um crédito de 86400 segundos para viver aquele dia e, à noite, quando adormecemos, não temos direito a nenhum transporte, perdemos o que não vivemos, afinal ontem já passou. E todas as manhãs recomeça a mesma magia, recebemos 86400 segundos de vida para jogar segundo esta regra incontornável. O banco pode encerrar a conta a qualquer momento sem aviso prévio. A vida pode parar a qualquer momento. Então, o que fazemos em nossos 86400 segundos diários? Os segundos da vida são mais importantes que os reais, porém as pessoas tratam o dinheiro como mais importante. Gastariam cada centavo dos 86400 reais, mas não gastam 86400 segundos que recebem diariamente. Ou melhor, elas até gastam, muitas vezes com escolhas sem valor, sem significado. São minutos preciosos gastos na frente da televisão, na internet, em jogos, no celular e tantas outras coisas que cujo papel é apenas distrair.

Quanto tempo tem investido com detalhes e escolhas que o levarão para o seu país das maravilhas e irão esculpir a vida extraordinária tão sonhada? Quanto tempo você vem investindo em desenvolvimento pessoal e profissional?

Se quiser compreender o valor de um ano, pergunte para um estudante que acabou de ser reprovado no exame final.

Quer saber o valor de um mês? Fale com uma mãe que acabou de dar à luz a um bebê prematuro e agora espera ele sair da incubadora, para tomá-lo nos braços.

Para saber o valor de uma semana, fale com um homem que trabalha em uma fábrica ou mina por falta de opção, porque precisa sustentar a família.

Para perceber o valor de um dia, pergunte aos apaixonados, ansiosos pelo reencontro.

Quer conhecer o valor de uma hora? Interrogue um claustrofóbico, prisioneiro das circunstâncias em um elevador danificado.

Para saber o valor de um segundo, observe a expressão do homem que acaba de sair ileso de um grave acidente de automóvel.

E finalmente, para conhecer o valor de um milésimo de segundo, pergunte ao atleta que acaba de ganhar a medalha de prata dos Jogos Olímpicos e perdeu a medalha de ouro, pela qual se dedicou durante toda a vida.

Perca tempo e estará, a cada segundo, perdendo sua vida.

Para não cair na mesma armadilha de milhões de pessoas que vivem reclamando não ter tempo para nada, vou auxiliá-lo na administração de seu tempo.

ADMINISTRAÇÃO DO TEMPO

Este é um dos segredos para chegar ao sucesso. Não conheço ninguém que tenha alcançado seus objetivos trabalhando de forma desorganizada e sem agenda diária.

Temos impressão de que as vinte e quatro horas do nosso dia são insuficientes para realizar as atividades, porém esta percepção está ligada à nossa falta de gerenciamento do tempo. As pessoas não definem suas prioridades, não têm uma agenda programada a seguir. O que costumo perceber de semelhante entre as pessoas é que elas priorizam as tarefas mais fáceis do dia ou aquelas que gostam mais. Já as tarefas que demandam tempo ou geram desconforto, acabam sendo empurradas para o último minuto do segundo tempo.

Eu tenho a seguinte filosofia: se existe algo importante para fazer, então farei imediatamente, afinal, de que adiantará procrastinar uma tarefa, se mais cedo ou mais tarde ela vai estourar diante dos meus olhos? Segundo a lei de Murphy, se algo pode dar errado, é fato que esse problema vai acontecer em cima da hora. É a impressora que não funciona, o computador que não liga ou quem sabe, aquele vídeo que trava na hora que você mais precisa.

Acho que você já deve ter passado por uma dessas situações, não é verdade? Tenho plena convicção de que você conseguiu dar o seu "jeitinho" e talvez não tenha aprendido nada com estes apertos. Sem conhecê-lo, tenho certeza que você passou por isso mais de uma vez. Como encontrou uma forma de lidar com a situação, é certo que sempre dará um jeito na repetição, pois já existe o padrão de comportamento.

Já o ensinei como interromper um padrão destrutivo de comportamento, então, vamos dar um ponto final agora. Pegue uma caneta para programar sua agenda.

O primeiro passo é entender as minúcias de sua agenda diária atual.

Descreva todas as suas tarefas diárias:

Descreva tudo que você faz desde a hora que acorda, até a hora que se deita para dormir.

O segundo passo é organizar suas tarefas separando por importância.

Podemos utilizar a estratégia de enumerar cada atividade com os números *1, 2, 3* e *4*.

As atividades de número 1 são aquelas de maior importância e com alto impacto na realização dos sonhos ou com alto impacto em sua vida.

O número 2 você utilizará para as tarefas de baixo impacto na realização dos sonhos ou em sua vida.

Para as tarefas de número 3, listará aquelas possíveis de delegar.

Você classificará as atividades de número 4 como elimináveis, ou seja, tarefas que apenas roubam tempo e não contribuem em nada com sua vida ou com a realização do sonho.

Enumere as tarefas e segundo a ordem 1, 2, 3 e 4.

Vou aproveitar este momento de administração do tempo para lhe apresentar a *Tríade do Sucesso.* Um dos itens da tríade é fazer sua nova rotina diária, por isso, vou fazer uma pequena pausa no tema *administração do tempo.*

A Tríade do Sucesso: Alvo, Agenda Extraordinária e Atitude

Qual é o seu Alvo ou Objetivo?

Escreva ele novamente: ______________________________

O foco está em seu objetivo? Tire da frente tudo aquilo que vem desviando seu foco: televisão, internet, mídia social, balada, bebida, etc.

Escreva abaixo as coisas que poderão tirar seu foco:

Ao fazê-lo, tome ao mesmo tempo a decisão de tirar da frente tudo que não contribui para a realização de seu sonho.

____

____

____

____

____

____

____

Quantas vezes você teve de interromper a leitura deste livro para consultar o Facebook, Linkedin, WhatsApp, Internet, e-mail ou televisão?

O alcance de um objetivo consiste em olhar para ele e mover-se em sua direção, da mesma forma que a águia faz quando avista sua presa a quilômetros de distância, movendo-se com velocidade e foco para agarrá-la. Seja como esta águia, olhe para seu objetivo e tire da frente tudo que não serve.

Em nossa sociedade moderna, onde existe um mar de distração, quem tem FOCO se diferencia e se destaca.

AGENDA EXTRAORDINÁRIA

Este é o segundo passo para a tríade do sucesso. Chegou o momento de definir sua nova rotina, de desenvolver o hábito dos vencedores. Da mesma forma que um atleta olímpico treina por horas diariamente e segue rotina disciplinar, é necessário fazer o mesmo para realizar os sonhos. Eu chamo isso de atitude olímpica. Ter uma agenda extraordinária e seguir a rotina com disciplina levará você para onde quiser. Isso é tão certo quanto a luz do dia, em cada amanhecer.

Minha nova rotina diária, minha agenda olímpica, minha agenda extraordinária:

____

____

____

____

____

____

O último passo da tríade é a ATITUDE.

A.T.I.T.U.D.O

Como sempre menciono em minhas palestras e treinamentos, atitude é tudo na vida de alguém. Por isso, eu a chamo de ***ATITUDO.***

O sucesso é construído com base naquilo que você faz de forma repetida e não de vez em quando. Ter atitude é seguir sua agenda extraordinária diariamente. Constância é a chave para o sucesso, não adianta fazer caminhada de uma hora apenas uma vez por mês e acreditar que sua saúde física vai melhorar. Da mesma forma, não adianta puxar um supino de 10 kg apenas uma vez por mês e acreditar que terá músculos definidos.

Fazer algo uma vez ou de vez em quando não construirá nada e levará apenas a perder tempo. Como você já aprendeu, perder tempo é perder a vida.

Tenha atitude para colocar em prática sua nova agenda extraordinária. Ter atitude inicia, continua, termina e resolve qualquer situação.

Existe uma grande diferença entre conhecer o caminho e percorrer o caminho. Tenha a atitude necessária para percorrer o caminho rumo ao seu País das Maravilhas.

Terceira Parte: Elevando o nível de Realização

- Estrada para a Felicidade
- Sorte ou Azar?
- Dominando a Frustração
- Fuja dos anestesistas
- Não leve as coisas para o lado pessoal
- Como está o seu foco?
- Perguntas para manter o Foco
- Quem sou eu?
- Para onde estou indo?
- O que estou plantando?
- Fábrica de frustração x Fábrica de realização
- Fracasso – O mestre disfarçado
- Persistência

Estrada para a Felicidade

Vamos entrar na estrada para a felicidade. Daqui, não tem mais volta, prepare-se para pequenas e grandes descobertas, para pequenos e grandes desafios.

Espere o melhor, porém prepare-se para o pior. Esteja pronto(a) para enfrentar qualquer tempestade que surgir.

Falo isso porque quando você colocar seu plano em ação, desencadeará uma série de eventos imprevisíveis em sua vida. Talvez eventos bons ou ruins, mas uma coisa é certa: todos os próximos acontecimentos serão fundamentais para sedimentar a estrada para o sucesso e para a felicidade. Cada novo acontecimento pode ser interpretado de duas formas: como sorte ou azar.

Sorte ou Azar?

Era uma vez um menino pobre que morava na China e estava sentado do lado de fora da sua casa, na calçada. O que ele mais desejava era ter um cavalo, mas não tinha dinheiro. Justamente neste dia, passou em sua rua uma cavalaria, que levava um potro incapaz de acompanhar o grupo. O dono da cavalaria, sabendo do desejo do menino, perguntou se ele queria o cavalinho. Exultante, ele aceitou.

Um vizinho, tomando conhecimento do ocorrido, disse ao pai do garoto:

— Seu filho tem muita sorte!

Por quê? - perguntou o pai.

— Ora, disse ele, seu filho queria um cavalo, passa uma cavalaria e ele ganha um potro. Não é sorte?

Pode ser sorte ou pode ser azar! - comentou o pai.

O menino cuidou do cavalo com todo zelo, mas um dia, já crescido, o animal fugiu. Desta vez, o mesmo vizinho disse:

Seu filho é azarento, hein? Ele ganha um potro, cuida dele até a fase adulta, e o animal foge...

Pode ser sorte ou pode ser azar! — repetiu o pai.

O tempo passou e um dia, o cavalo voltou com uma tropa selvagem. O menino, agora um rapaz, consegue cercá-los e fica com todos. Observa o vizinho:

— Definitivamente, seu filho é um rapaz de sorte. Ganha um potro, cria, ele foge e volta com um bando de cavalos selvagens.

O pai se resumiu a repetir o sábio mantra:

— Pode ser sorte ou pode ser azar!

Mais tarde, o rapaz estava treinando um dos cavalos, quando caiu e quebrou a perna. Vem o vizinho novamente:

— Retiro o que disse. Seu filho tem muito azar. O cavalo foge, volta com uma tropa, o garoto vai treinar um deles e quebra a perna.

— Pode ser sorte ou pode ser azar! — insiste o pai.

Alguns dias depois, o reino onde moravam declara guerra ao reino vizinho. Todos os jovens são convocados, menos o rapaz, cuja perna estava quebrada. O vizinho disse:

— Pela última vez, não resta mais dúvida, seu filho tem mesmo muita sorte...

Na vida funciona da mesma forma. Tudo que acontece pode ser sorte ou azar. Tudo depende do que vem depois e daquilo que fará com o que lhe acontece.

Quando as torres gêmeas foram derrubadas em 2001, algumas pessoas se salvaram porque ficaram presas no trânsito e perderam a hora de ir ao trabalho. Certamente, enquanto estavam a caminho do trabalho, pensavam: *que azar, chegarei tarde ao trabalho*. Quando, porém, souberam do desastre mudaram de opinião em seguida: *como tive sorte, por causa de meu atraso ou do trânsito, escapei desta tragédia.*

Durante sua jornada muitas coisas acontecerão, muitos obstáculos surgirão, pessoas vão trai-lo, abandoná-lo ou talvez rejeitá-lo. Mas, na verdade, tudo isso são convites que a vida vai fazer a você.

A vida sempre vai nos convidar ao crescimento e desenvolvimento, vai colocar em nosso caminho professores, às vezes, duros e cruéis, que talvez até nos "machuquem" profundamente. Estes professores vêm disfarçados com as vestes de rejeição, fracasso, medo, pobreza, traição, tristeza e raiva.

Quantas vezes na vida você se viu diante destes professores? O que aconteceu com você quando foi rejeitado por alguém que ama ou amava? O que aconteceu quando o demitiram daquele emprego que você tanto gostava? Como você agiu quando não deram aquela oportunidade que você sempre esperou? Quando você fracassou em um negócio, em um relacionamento, qual foi a sua postura e atitude diante de tudo isso?

Quando você deu oportunidades para alguém e a pessoa foi ingrata ou o traiu, agindo sem lealdade, o que você fez?

Estas situações são convites que a vida está fazendo para que você cresça e se fortaleça, porém muitas vezes olhamos para tais dificuldades, paralisamos ou acessamos nosso pior estado emocional. Ficamos imóveis, sem forças, ou, na pior das hipóteses, talvez nos façamos de vítimas.

Tudo isso são convites ou professores disfarçados.

Um dos professores mais cruéis que encontrei na vida foi a rejeição. Eu tinha a impressão de que as pessoas à minha volta não se importavam comigo, sentia que ninguém me notava. Tinha quatro irmãos, três deles faziam aniversário em datas próximas (31/01, 04/02 e 19/02). Como meus pais eram muito pobres, faziam apenas uma festa de aniversário.

Meu aniversário é dia 12/04, uma data que eu esperava ansiosamente, porém quando o dia chegava, parecia um dia qualquer. A festa que eu criava na minha cabeça nunca acontecia, nem sequer um bolo. O engraçado é que todo ano, eu acreditava que seria diferente e quando o dia chegava, tinha um *déjà vu*, mas não era uma simples impressão de já ter visto isso, era o fato acontecendo novamente.

Outro momento de rejeição me marcou bastante. Certa vez, meus pais levaram meus dois irmãos mais velhos e minha irmã mais nova para fazer um teste de teatro. Perguntei por que não poderia ir e responderam que eu deveria ficar com meu irmão mais novo. Você consegue imaginar o tamanho de minha tristeza, considerando que eu observava os irmãos estudando os papeis que interpretariam no teste? Foram três semanas lidando com a tristeza e a rejeição.

Mais uma vez, a rejeição batia, insistente, à porta de meu coração.

Por conta disso, fui desenvolvendo um enorme medo da rejeição, algo que me machucava demais. Como consequência, me tornei uma pessoa muito tímida, com medo de me expor. O tempo foi agravando esta timidez. Perto dos meus amigos, eu me sentia bem à vontade, porém quando me deparava com pessoas que não conhecia, travava, ficava mudo, com dificuldade de articular as palavras.

Tudo isso era medo de ser rejeitado. Foram anos pagando um preço caro por conta desta vergonha e medo de ser rejeitado. Até que chegou o dia em que dei o meu grito de liberdade. Foi a melhor decisão que tomei em minha vida. A partir da verdade nela contida, iniciei uma luta contra o medo e a rejeição.

A rejeição é um professor muito duro. Se você não souber lidar, ficará com grandes marcas. Em minha opinião, enquanto você não superar o medo da rejeição, não estará pronto(a) para o sucesso.

Este medo da rejeição o fará buscar aprovação de todo mundo. Como consequência, se importará muito mais com o que as pessoas pensam do que com sua opinião.

Pessoas que se preocupam com a opinião alheia, deixam de viver a própria vida.

Confesso que passei muito tempo da vida me importando e sofrendo com a opinião e a crítica alheias. Quando decidi lutar contra a rejeição, parei de me importar com o que as pessoas pensam. Adquiri a seguinte crença: *enquanto eles não calçarem meus sapatos e percorrerem o caminho que percorri, nunca entenderão meus motivos.*

Isso não significa que você não precise ser educado(a), simpático(a), flexível e respeitoso(a) com as pessoas, mas deve ter consciência do impacto que a aprovação de todos gera. A rejeição é apenas ***um*** dos professores que você encontrará em sua jornada.

Esteja pronto(a) para encontrar muitos destes professores e um dos que terá de aprender a lidar, é o da frustração.

Dominando a Frustração

Observando o comportamento das pessoas, cheguei à conclusão de que elas gostam de se frustrar.

Se você é alguém que gosta de se frustrar, vou ensinar três caminhos, o primeiro: basta fazer algo por uma pessoa e esperar que ela faça o mesmo por você. Faça algo de coração e não espere reconhecimento ou gratidão. Infelizmente, terá de contar com a ingratidão das pessoas. Jesus curou dez leprosos e apenas um voltou para agradecer. A ingratidão, infelizmente, faz parte da raça humana.

O segundo caminho é esperar que as pessoas mudem. Esperar a mudança alheia é criar frustração. Muitas vezes, estas pessoas sequer sabem o que você gostaria que elas mudassem; usualmente não têm consciência de qual comportamento tanto o incomoda. Por isso, não espere a mudança delas, é você que deve mudar, pois sua mudança influenciará a mudança de outros.

As relações humanas são sistêmicas. Quando mudamos, automaticamente, as pessoas à nossa volta também mudam.

O terceiro caminho é criar expectativa em outros, um grande passo para se frustrar. As pessoas ficam esperando que os outros ajam de determinada forma, mas estes nem sabem das expectativas delas. Sendo assim, não atenderão.

Como você quer que elas atendam uma expectativa que nem mesmo sabem? As pessoas não fazem leitura mental. Elas jamais saberão o que você está pensando, se não disser.

Talvez alguém que você tanto ama ou confia não apoie sua jornada ou a concretização de seu sonho e isso lhe gere certo grau de frustração.

Quando decidi sair do trabalho para abrir a própria empresa, ouvi de muitas pessoas que isso seria loucura. Abandonar o certo pelo duvidoso era algo muito insensato. Confesso que no início o medo quis me dominar. Por um instante, o medo ficou à frente de meu objetivo e quase fiz como milhões de pessoas: hesitei, comecei a pensar...

E se der errado? E se eu não conseguir pagar a faculdade?

Tenho o financiamento de um apartamento para pagar. Se eu não conseguir pagar, minha família pode ser despejada. E se... E se...

Estes pensamentos duvidosos e enfraquecedores estavam tomando conta de mim.

Então, comecei a criar um plano B.

Se a minha empresa não der certo, posso voltar a trabalhar naquilo que eu fazia ou poderia fazer... Fiquei por alguns momentos neste círculo vicioso de pensamento destrutivo. Então, minha consciência voltou.

Limpei meus pensamentos e decidi naquele momento que não teria um PLANO B, afinal o fracasso não seria uma opção. Eu não podia me preparar para o fracasso. Criar um plano B seria o sinal de que estava considerando o fracasso como opção. Fracassar nunca será e nem deve ser uma hipótese. Isso não significa que não experimentará o fracasso, pelo contrário, pode ser que ele o visite muitas vezes, mas engolir e aceitar a derrota são escolhas que você jamais deve fazer, pois nenhuma derrota pode vencê-lo.

Quando me lancei em direção ao alvo que queria atingir, escutei de algumas pessoas próximas que eu não daria conta, que não tinha capacidade para fazer aquilo. Sei muito bem: eu não sou a única pessoa que escutou isso de alguém; como é bem provável que você também escute isso de outras pessoas.

Então, quando ou se alguém duvidar de sua capacidade para fazer algo, não fique chateado com esta pessoa, muito menos leve em consideração. Como ela não se sente capaz de fazer algo tão grandioso, provavelmente acredita que você também não é.

O que esta pessoa está fazendo é medir você com a régua dela.

Na adolescência, escutei uma história que fez muito sentido. Vou compartilhar com você...

Em uma floresta qualquer, aconteceria uma corrida de sapos. O desafio consistia em chegar ao topo mais alto da montanha, um feito que até então nenhum animal conseguira.

Foi dada a largada. No minuto seguinte, os outros animais começaram a gritar para os sapos:

Desistam, vocês nunca conseguirão. Nenhum animal nunca chegou lá, vocês não serão os primeiros!

Com o passar do tempo, os sapos foram desistindo no meio do caminho. Porém, um deles seguia inabalável. Os demais animais insistiam em desmotivá-lo, mas o sapo continuava em frente. Com muita persistência, ele conseguiu chegar ao topo da montanha. Os animais foram entrevistá-lo para saber como ele realizou tamanho feito.

Para surpresa de todos, quando perguntaram o que ele fez, descobriram que o sapo era SURDO. Pois é, ele continuou em frente porque não escutava as vozes que tentavam paralisá-lo.

Esta metáfora tem muito a nos ensinar. Devemos ser surdos diante daquelas pessoas que tentam nos colocar para baixo, insistem em mostrar ou dizer o que devemos fazer e em que momento parar.

Cuidado com os especialistas em desencorajamento, jamais dê ouvidos para esses tolos. E, se essas pessoas aparecerem, não se frustre. Siga adiante!

Há outro grupo de pessoas que merece sua atenção: os anestesistas.

Fuja dos anestesistas

Os anestesistas são aquelas pessoas que fazem exatamente isso que venho falando: vivem armadas com metralhadoras carregadas e apontadas para matar o seu sonho. Elas sugam sua energia, oferecem uma injeção de desânimo, mudam seu padrão de vibração e querem que você fique na mesma energia delas.

Existem muitos anestesistas próximos de você, às vezes pessoas que ama e confia.

Quando tentam nos paralisar, na realidade não o fazem porque são pessoas ruins. Muitas vezes, elas não querem perdê-lo. Quando você começa a agir, fazer escolhas mais inteligentes, como recompensa natural, cresce, galga novos patamares, e a cada nova escolha, a cada nova ação empenhada, você crescerá cada vez mais.

Essas pessoas não estão no mesmo ritmo, muitas delas estão presas, acorrentadas pela mediocridade e como não se veem tão grandes, não querem perder você de vista; farão de tudo para mantê-lo abaixo ou no mesmo nível delas.

Não estou dizendo, com isso, que você deve iniciar uma caça aos anestesistas. Se você identificar pessoas que ama e se tornaram por algum momento anestesistas, reflita sobre o que eu disse anteriormente. Procure usufruir de bons momentos ao lado delas e pegue somente aquilo que tiverem de bom.

Se você entender que as pessoas somente podem dar aquilo que elas têm dentro de si, a relação com elas acontecerá de uma forma muito mais harmoniosa. Como vantagem, você vai parar de levar tudo para o lado pessoal.

NÃO LEVE AS COISAS PARA O LADO PESSOAL

É preciso parar. Essa mania de achar que tudo que as pessoas fazem é para magoá-lo(a) ou ofendê-lo(a) acabará com a sua paz.

Tenho a impressão de que as pessoas se sentem alvo de tudo e todos. Um olhar diferente, um comentário, uma atitude atípica de alguém se torna *um dardo que alguém está jogando para acertá-lo.*

Pode até ser que uma vez ou outra, alguém faça isso de forma deliberada, porém, na grande maioria das vezes, as pessoas nem pensaram em você. Elas fazem o que fazem porque possuem suas razões, que nada têm a ver com ofender você.

Um "fato é apenas fato", nem melhor ou pior, benéfico ou cruel. Nós que atribuímos significado para aquilo que está acontecendo.

Caso você se sinta alvo de pessoas, estas o colocarão em estados emocionais áridos, improdutivos. Tente imaginar as emoções que alguém possa sentir sempre que alguém as persiga. Esta pessoa experimentará com frequência emoções de medo, raiva, rancor, ressentimento, insegurança, intolerância. Para que você avance em direção aos objetivos, é preciso experimentar boas emoções, sentimentos que apenas fortalecerão sua jornada. Posso garantir que viver muito tempo sentindo emoções enfraquecedoras, fará você perder um tempo precioso e, como consequência, regredirá.

No decorrer do livro, compartilharei algumas estratégias para você dominar suas emoções, porém, assim que parar de supor que tudo feito por outros é para ofender, já terá dado um grande salto para o controle das emoções.

Todas as escolhas produzem resultados e efeitos em nossa vida. Sempre que tomamos alguma decisão, ou até quando não tomamos nenhuma, tudo produz resultados, bons ou ruins.

A minha próxima pergunta para ajudá-lo na mudança dos resultados é:

Como está o seu foco?

Talvez você não saiba, mas focar em algo tem o poder de construir coisas grandiosas e o oposto do foco, a distração, destrói sua vida e todos os seus resultados.

Neste mundo moderno, nos deparamos com inúmeras possibilidades de distração: internet, mídias sociais, jogos de celular, *games* diversos, novelas, futebol, enfim; dezenas de *"atrações"* que existem para simplesmente gerar distração. Saiba que eu não sou contra tudo isso, não há nada de errado com estes "entretenimentos". O grande problema é passar pela vida distraído, disperso; sem focar naquilo que mais importa.

O que percebo são milhões de pessoas que vivem uma vida frustrada, infeliz, triste e mesmo assim não agem, não reagem, estão perdidas vendo a vida passar diante dos olhos e nada fazem para mudar tal situação.

De que outra forma pode mudar sua história de vida, que não seja incutindo foco naquilo que realmente importa para você?

Existem pessoas que sofrem da *síndrome do pato.*

O pato sabe nadar, andar e voar, porém faz tudo isso de forma medíocre. Ele nada devagar, anda lentamente e não voa direito. Possui três habilidades, porém nenhuma foi desenvolvida com excelência. Temos pessoas que planejam suas vidas, começam a perseguir o sucesso e antes de alcançar o objetivo determinado, já estão perseguindo três objetivos diferentes.

Estão atirando para todos os lados, fazendo várias coisas ao mesmo tempo, atuando em vários negócios e obtendo resultados medíocres em todos.

De que adianta fazer dez coisas e obter apenas 1% de resultado em cada uma delas? Estas pessoas querem fazer tudo, porém não conseguem focar em nada e, por consequência, geram mais frustração, perdem mais tempo e vão ficando cansadas de perseguir os objetivos. Algum tempo depois, desistem.

As pessoas estão sempre nos extremos: não querem fazer nada ou desejam tudo ao mesmo tempo e não conseguem focar ou calcular especificidade...

Será que o melhor não é focar em algo e obter 100% de resultado?

Você já determinou seus objetivos. Siga firme no propósito, continue focado(a) naquilo que deseja e não se distraia por nada. Não perca tempo com insignificâncias que nada agregarão para sua vida. Nas páginas anteriores, falei sobre a tríade do sucesso e abordei sobre a importância do FOCO.

> O que é ***mais importante*** para você? Perder tempo ou entrar no seu País das Maravilhas?

Focar em algo que mais importa é a diferença que faz a diferença.

Lembre-se: foco constrói e distração destrói.

Existem algumas estratégias para você manter o foco; a mais poderosa de todas para direcioná-lo e mantê-lo, é a bateria de perguntas.

Perguntas para manter o Foco

Uma das maneiras mais poderosas para direcionar o foco é fazer perguntas. As pessoas normalmente elaboram perguntas pobres, enfraquecedoras ou redundantes, do tipo: *por que nada dá certo para mim? Por que as coisas não melhoram? Oh Deus, por que não consigo fazer as coisas direito? Por que me abandonaram? Por que me rejeitam?*

Construir este tipo de pergunta, pode ter certeza, vai gerar as piores respostas. Os nossos questionamentos, além de ajudar na manutenção do foco, também mudam o que sentimos. Boas perguntas mantêm o foco e produzem boas emoções, enquanto as perguntas erroneamente elaboradas tiram o foco e produzem péssimas emoções.

Vou compartilhar com você quatro perguntas que fiz quando decidi mudar minha vida e que repito até hoje. Tenho certeza, assim como me ajudaram, irão ajudá-lo também:

1. *Quem sou eu?*
2. *Para onde estou indo?*
3. *O que estou plantando?*
4. *O que estou colhendo?*

Quem sou eu?

Esta pergunta parece muito simples, porém as pessoas têm enorme dificuldade para responder de forma simplória.

Faço esta pergunta em meus treinamentos e palestras, e nestes encontros com milhares de pessoas, pude perceber que elas não se dão conta de quem são realmente.

Todas as vezes que faço esta indagação, um silêncio reina no salão por alguns segundos, como se eu estivesse falando algo em grego. Com muita dificuldade e persistência, algumas pessoas começam a responder, porém, na maioria das vezes, recebemos as seguintes respostas:

Sou gerente, sou o José da Silva ou Maria de Souza. Começo a ouvir as pessoas falando de suas características ou cargos. Será que elas são realmente os cargos que ocupam? Será que são realmente suas características físicas?

Se você diz que é diretor ou gerente, esta é a sua identidade, ou seja; a sua ***essência*** é o cargo que ocupa. Então, se você perder o emprego ou o cargo, deixará de ***ser você***, perderá ***sua identidade***.

Conheço muitas pessoas que entram em depressão quando são demitidas de seus empregos. Isso acontece por que elas perdem sua identidade. Perdem as bases, o rumo, o sentido da vida, tudo isso porque limitaram sua identidade ao cargo que ocupavam. Ou, se você usa suas características físicas, por exemplo: sou magro(a), gordo(a) para responder a pergunta ***quem é você***, tome muito cuidado, pois se você engordar ou emagrecer também perderá a identidade.

Se perder uma perna, *você continua sendo você?* Se você passar por um transplante de coração, *você continua sendo você?*

Com certeza sim, pois você é muito mais que características físicas, cargo ou profissão.

Quem realmente você é? Qual é a sua identidade? *Se você pudesse se definir,* gostaria de se apresentar para as pessoas de que maneira?

Se você pudesse escolher uma identidade fortalecedora, como gostaria de se apresentar para o mundo?

Talvez você seja um vencedor(a), guerreiro(a), líder, talvez feliz ou alegre, corajoso(a), e talvez, simplesmente ***uma força do bem.***

Somente você tem a resposta. Quando me fiz esta pergunta pela primeira vez, já sabia quem eu era e quem eu sou. A minha resposta foi direta:

Eu sou uma força do bem!

Esta é minha identidade verdadeira. Porém, lhe pergunto mais uma vez:

Quem é você?

Eu sou ____

É muito importante você se definir, saber **quem é você**. *As pessoas extraordinárias produzem resultados e vidas extraordinárias, assim como pessoas medíocres nada produzem além de sua característica imperativa.*

Todos os comportamentos acompanham nossa identidade. Pessoas medíocres não realizam coisas grandiosas, este feito é reservado para os GRANDES.

Pergunte-se diariamente:

Quem sou eu? Que tipo de profissional eu sou? Os comportamentos que tenho diariamente são compatíveis com a pessoa que eu sou?

Estas perguntas vão direcionar o foco e farão você rever os comportamentos.

Outra pergunta para que se faça diariamente:

Para onde estou indo?

Para onde estou indo?

Todas as quatro perguntas são poderosas, porém esta causou um grande impacto em minha vida. Por meio dela, fiz uma mudança drástica de rota. Eu vivia segundo o estilo *deixa a vida me levar*.

Como mencionei, eu era refém das circunstâncias, achava que como nasci pobre, meu destino seria também morrer pobre.

Porém, quando fiz esta pergunta, entrei em choque. Pude enxergar um futuro medíocre, uma vida cheia de frustração e dor. Naquele momento, decidi que revolucionaria minha vida. Não poderia aceitar viver sem expressão, triunfos e êxitos.

Naquele momento, voltei ao controle, assumi as rédeas e determinei que daquele ponto em diante, construiria meus caminhos.

Talvez não saiba, mas você pilota um avião chamado VIDA (sua vida).

Talvez, até este ponto, seu avião também tenha ficado no piloto automático, igual ao meu, no passado. Pergunte-se: *para onde estou indo?* Você deve assumir o controle de seu avião.

Eu considero muita irresponsabilidade que alguém viva sem estar no controle da própria vida. É arriscado demais ver pessoas que você ama e muito importantes; como seu pai, mãe, filhos, cônjuge, talvez irmãos como passageiros e, ainda assim, deixar seu avião e sua vida ir para qualquer lugar.

Você se lembra da história da Alice que mencionei anteriormente? *Se você não sabe para onde vai, qualquer lugar serve.*

Faça esta pergunta para si: para onde estou levando o avião da minha vida?

Se o seu avião não estiver na rota certa, ao assumir o controle, você recebe o direito de ajustar a rota e levá-lo para o lugar que quiser.

Para onde você vai levar o avião da sua vida?

Se eu não tomar nenhuma decisão hoje, como estarei no final do ano? Que tipo de promessas repetirei, por não ter feito nada hoje?

Se eu fizer algo que estou adiando há tempos, como estarei no final do ano?

Se eu fizer tudo que posso e seguir minha agenda extraordinária diariamente, como estarei no final do ano?

Quando faço estas indagações, não me resta escolha a não ser a consumação do máximo que posso, além de seguir diariamente minha agenda extraordinária.

E você, o que pode fazer com sua vida, caso decida também se fazer estas perguntas?

O QUE ESTOU PLANTANDO?

O que estou plantando?

Que tipo de semente você está plantando?

Se plantar maçãs, é improvável que colha mangas.

Tome muito cuidado com a forma que você vem levando a vida. A lei de causa e efeito nunca falha. Conheço e você deve conhecer pessoas que possuem desvio de caráter, que vivem atuando. Usam outras pessoas como escadas. Elas conseguem, de certa forma, algum resultado em curto prazo, porém não percebem que estão construindo castelos de areia, sem alicerce, sem bases e é certo de que na primeira onda, no primeiro vento forte, o castelo ruirá.

Escolha com muito cuidado as sementes que irá plantar na vida, afinal o plantio é opcional, mas a colheita será obrigatória.

Pergunte-se, diariamente:

O que estou plantando? Quais são as sementes que estou jogando no jardim da minha vida, no jardim dos meus relacionamentos e no jardim do meu trabalho?

Plante sementes de alegria, coragem, amor e compaixão.

Selecione suas sementes e escolha pessoas que ajudarão a cuidar de seu jardim.

O que estou colhendo?

O que você está colhendo? Quais são seus resultados? O que você está fabricando em sua vida?

FÁBRICA DE FRUSTRAÇÃO X FÁBRICA DE REALIZAÇÃO

Toda fábrica necessita de matéria-prima para produzir algo. Nós somos uma fábrica e as escolhas representam matéria-prima para a produção dos resultados. O que você tem fabricado em sua vida?

Faça esta pergunta diariamente, para que possa ter evidências de que está no caminho certo. Imagine que você está em São Paulo (capital) e decidiu ir para o Rio de Janeiro. Como você saberá que está no caminho certo? As placas vão indicar.

Se porventura você entrar na rodovia Régis Bittencourt e começar a ver placas indicando Curitiba, é certo que estará no caminho errado. O mais sensato é acessar o primeiro retorno e buscar o caminho correto.

Fazer a pergunta "O que estou produzindo de resultados" vai gerar consciência sobre o caminho que você está trilhando.

Não importa até onde você tenha trilhado o caminho errado. VOLTE!

Se não está gostando de sua colheita, mude a semente.

Recomece, refaça, mude, porém não siga um caminho que jamais levará aonde você quer chegar.

Fracasso – O mestre disfarçado

Muitas pessoas temem o fracasso, elas acham que é o fim da linha. Porém, existe um paradoxo muito interessante. Se você quer atingir o sucesso, então fracasse algumas vezes. Como mencionei anteriormente sobre nossos professores, o fracasso é um mestre que tem algo para ensinar.

Eu encaro o fracasso como um *feedback* de que algo ainda não está bom e precisa ser melhorado. Se você ainda não chegou onde quer, é fato que ainda precisa amadurecer alguma coisa, talvez adquirir uma técnica, ferramenta ou dominar alguma habilidade.

Nós, seres humanos, temos muita pressa para ver o resultado, muitas vezes não damos o tempo necessário para a maturação e no meio ou muito próximo do objetivo, desistimos, supondo que fracassamos.

Somos fascinados por *fast-food,* comida instantânea e por conta disso, achamos que se deve ter "*fast*-resultados", "*fast*-sucesso", "*fast*-tudo".

Embora eu não seja fã de Lula, o vejo como um exemplo de alguém que superou seus fracassos. Após ter colecionado algumas derrotadas, conseguiu se eleger presidente da República. Não quero entrar em uma discussão política e nem tecer comentário sobre o comportamento dele como chefe de Estado. Quero apenas valorizar um exemplo de persistência e superação sobre o fracasso.

Eu mesmo colecionei muitos fracassos ao longo da vida, cometi muitos erros e equívocos, tomei decisões burras, me afastei de boas pessoas, permiti que pessoas com péssimas intenções se aproximassem de mim. Porém, tudo isso foi necessário para criar o nível de realização que hoje desfruto.

Quando minha esposa e eu decidimos abrir nossa empresa de treinamento, fizemos o convite para dois amigos iniciarem sociedade conosco. Cada um investiu R$ 2500,00 (dois mil e quinhentos reais). Utilizamos este dinheiro para comprar um computador, os móveis de escritório, materiais de informática, papelaria e ainda deixamos uma pequena reserva de R$ 1000,00 (mil reais) para eventuais imprevistos. Nesta época, todos nós tínhamos um trabalho paralelo. Seria insensato abrir uma empresa e não nos dedicarmos, então sugerimos que um dos sócios (de forma fictícia chamaremos de Marcos) pedisse demissão da empresa. Como ele era o que tinha um salário menor, demos a garantia de que pagaríamos o salário que ele recebia, para que iniciasse os primeiros contatos, divulgando a empresa. Além disso, daríamos todo o suporte, porém não poderíamos estar 100% empenhados na empresa. Como não tínhamos capital para locar uma sala, precisaríamos apenas de um telefone e um computador para iniciar. Então, minha mãe emprestou um espaço em sua pequena loja de roupas. Três meses se passaram e nosso sócio aparecia para trabalhar de vez em quando. Nestas raras ocasiões, ficava apenas duas horas em seu posto. Decidimos então que minha esposa pediria demissão da empresa para ajudar o sócio, mas antes disso, ele achou melhor voltar a trabalhar em uma empresa convencional e solicitou a saída da sociedade.

Mesmo que ele estivesse decidindo sair, achei justo devolver-lhe o dinheiro investido. Tive, portanto, de trabalhar mais três meses na empresa em que estava para pagá-lo e saldar a dívida. Iuná (minha esposa) achou melhor desenvolver o trabalho de casa, mas como a empresa era nova e não tínhamos experiência, ficamos totalmente perdidos e foram mais alguns meses sem resultado nenhum. Fiquei, então, em um impasse:

Devo continuar no trabalho para ter uma renda, caso algo dê errado ou peço demissão e entro de cabeça neste negócio?

Era um conflito interno. O medo tentava, descaradamente, me sabotar mais uma vez. Como mencionei no início do livro, pessoas dependiam de mim. A mensalidade da faculdade para pagar e o financiamento do apartamento pendente. Fiquei por mais um tempo. Até que chegou o *dia D*, o dia de tomar mais uma decisão inteligente. Neste dia, 30 de junho de 2008, fiz aquilo que todos os seres humanos dotados de sonhos devem fazer:

Dar os passos necessários para se aproximar daquilo que desejam. Deixei a empresa que trabalhava, mesmo ouvindo argumentações do tipo: *você é louco, você é maluco.* Mesmo deixando minha mãe totalmente insegura sobre o futuro, resolvi buscar os meus sonhos, essencialmente ajudar pessoas a atingir os seus.

Perguntei para minha outra sócia se continuaria conosco. Ela também decidiu sair da sociedade e da mesma forma que fizemos com o Marcos, devolvemos seu dinheiro anteriormente investido.

Foram dois anos seguidos de fracassos, tentativas e erros. Cheguei ao ponto de não ter dinheiro para pagar as contas básicas da empresa. Tive de recorrer a alguns familiares e pedir empréstimos para o banco. Apesar de todas as dificuldades, em momento algum passou por minha cabeça a possibilidade de desistir. Como já disse, naquele momento tomei a decisão de jamais considerar o fracasso uma opção.

Todos os fracassos que acumulava, recebia como um *feedback* de que algo ainda não estava bom e precisava ser melhorado. Nesta mesma época de grande dificuldade, comecei a buscar parceiros para divulgar meus treinamentos. E como estava desesperado, atraí muitas pessoas mal intencionadas. Uma destas pessoas me propôs levar um dos treinamentos para Brasília, mas para isso teríamos de fazer uma palestra na cidade, apresentando o treinamento para uma pessoa envolvida com política, apenas para formalizar a parceria. A pessoa me garantiu que além da turma de treinamento que ela formaria, teríamos grandes oportunidades de negócios envolvendo treinamento e palestras para alguns partidos políticos, com quem afirmava ter amizades.

Como eu estava totalmente endividado e desesperado, aceitei a parceria. Não tínhamos dinheiro para a passagem aérea, então comentei que iríamos somente eu e minha esposa, mas ela colocou a condição de viajar conosco para promover todos os contatos necessários, a fim de fazer a coisa acontecer.

No dia seguinte, em nosso escritório, recebemos o telefonema de uma pessoa que se dizia amiga de nossa suposta parceira. Afirmou que já tinha hotel para realizar o evento e que, além disso, já contava com algumas pessoas interessadas no curso.

Mesmo sem dinheiro algum, comprei passagens para todos com o cartão de crédito de minha mãe, parcelando em seis pagamentos e embarcamos para o Distrito Federal. Chegando lá, a tal amiga da suposta parceira ligou para esta segunda e marcou uma reunião, na qual eu não poderia ir.

Horas depois, a suposta parceira apareceu, disse que não conseguiria formar as turmas naquele momento e adiou para o ano seguinte, mas afirmou ter conseguido uma palestra na Procuradoria Geral da República.

Segundo ela, faríamos essa palestra gratuita para apresentar o trabalho, mas era certo que seríamos contratados para treinar os funcionários da PGR (Procuradoria Geral da Republica). Ficamos três dias em Brasília e neste período pude perceber que ela nos levou para lá apenas para pagar sua passagem, pois tinha interesse em voltar para a política e lá se encontravam as pessoas que poderiam ajudá-la.

Após esta fatídica "parceria", muitos anos se passaram. Jamais recebi telefonema algum desta pessoa e quando ligamos para a PGR para saber dos treinamentos prometidos, ninguém estava sabendo de nada.

Você acha que aprendi a me blindar contra estas pessoas? A resposta para essa pergunta é NÃO. Eu me decepcionei com outras pessoas e mesmo assim, continuo acreditando nas pessoas, pois se tivesse desacreditado no ser humano não poderia fazer o que faço hoje e tampouco teria conhecido tantas pessoas maravilhosas que fizeram e causaram um grande bem para minha vida. Talvez, você que está lendo a obra seja esta pessoa de quem estou falando.

Se eu tivesse me blindado, não conheceria seres extraordinários, pessoas que são desconhecidas para o mundo em geral, mas essenciais para mim.

Quero registrar eterna gratidão à minha Família Silva, que me acompanha e ajuda a construir um mundo melhor. São os integrantes da Família Silva que me fortalecem e me ajudam a superar as barreiras que encontro durante a jornada.

Em todas estas situações de fracassos, frustrações, e decepções, tirei algum aprendizado, mas o grande segredo para o meu sucesso foi a persistência.

Persistência

Durante todo o livro, compartilhei com você muitas ideias e estratégias que utilizei para mudar minha vida de uma posição medíocre para as realizações pessoal e profissional, porém, como já citei, o segredo de tudo estava na persistência.

Você pode fazer um excelente planejamento, administrar o seu tempo, formular perguntas inteligentes para direcionar o seu foco, eliminar as desculpas e histórias que conta. Contudo, sem persistência, nada irá acontecer para você.

Os resultados não aparecem de imediato, às vezes demoram anos para ter a certeza que estamos nos aproximando do mundo ideal, por isso temos de continuar persistindo.

Quantas oportunidades você daria para o seu filho ou para uma criança tentar andar, antes de sentenciá-la como incapaz de caminhar? Eu imagino que você daria todas as chances possíveis, teria paciência, inclusive a ensinaria e seguraria sua mão. Depois de inúmeras tentativas e muita PERSISTÊNCIA, é fato que a criança conseguirá caminhar.

O segredo para o sucesso mora exatamente na persistência, de tentativa em tentativa, talvez de erro em erro e de acerto em acerto.

Se você não conseguir na primeira, continue tentando. Se você achar que não dá mais, continue mesmo assim. Caso suponha ter chegado ao seu limite, continue. Quando pensar em desistir, continue. Quando você achar que já fez todo o possível, continue. Somente assim saberá o que é transcender suas dificuldades e limitações.

Quem transcende as limitações está pronto(a) para o sucesso, porque as pessoas de sucesso não discutem limitações, elas as transcendem.

Quero deixar para você uma linda história de persistência e sucesso, da qual tomei conhecimento. Fiz algumas pesquisas e pude montar o quebra-cabeça da história desta pessoa extraordinária.

Seu nome é Sylvester Stallone. Um lutador em todos os sentidos da palavra.

As duas marcas registradas de Sylvester Stallone são os olhos caídos e sua voz, resultados de um nervo facial danificado pelo fórceps durante o parto. Essas anormalidades, unidas ao seu nome atípico, geraram dificuldades durante a infância, o que o fez inclusive vítima de apelidos e *bullying*.

Stallone é o mais velho de dois filhos do cabeleireiro Frank Stallone e da dançarina Jacqueline Stallone, que também foi astróloga e divulgadora de lutas entre mulheres. Expulso de quatorze escolas, aos quinze anos, Stallone finalmente chegou à Devereaux Manor, uma escola particular para jovens problemáticos em Berwyn, Pensilvânia. Sua fraca *performance* acadêmica o deixou com poucas opções de faculdade. Muito jovem para se alistar na Marinha, entrou em uma escola de beleza. Rapidamente, descobriu que tinha pouca habilidade para pentear cabelos e conseguiu uma bolsa de estudos para um colégio americano na Suíça, onde pagava suas aulas de arte dramática ensinando educação física às garotas.

O ator voltou aos Estados Unidos e entrou no departamento de artes dramáticas da Universidade de Miami. Infelizmente, seus professores tentaram desencorajá-lo da carreira de ator, mas ele não se convenceu. Pouco antes de se formar, desistiu e foi para Nova York. Sua mãe havia previsto, baseada em cálculos astrológicos, que ele batalharia muito por sete anos e, depois, faria sucesso como roteirista. Então, Stallone começou a escrever roteiros, a maioria com os pseudônimos Q. Moonblood e J. J. Deadlock. Enquanto isso, fez diversos trabalhos para pagar o aluguel, como limpar a jaula dos leões no zoológico e atuar como lanterninha de cinema.

Em um ponto de sua vida, estava tão pobre que roubou as poucas joias que sua mulher tinha e vendeu. As coisas ficaram tão ruins que ele acabou morando na rua. Sim, ele dormiu na estação de ônibus de Nova York por três dias, incapaz de pagar aluguel ou comprar comida. O fundo do poço chegou quando ele teve de vender seu cachorro em uma loja de bebida para um estranho qualquer, pois não tinha dinheiro para alimentá-lo. Ele o vendeu por $25, entregou seu cachorro e saiu chorando.

Duas semanas depois, Stallone viu uma luta de boxe entre Mohammed Ali e Chuck Wepner, o que o inspirou a escrever o roteiro de ROCKY durante as 20 horas seguidas. Tentou vendê-lo e recebeu a oferta de $125.000, mas ele tinha apenas UM PEDIDO para o comprador do roteiro. Queria ESTRELAR no filme como o personagem principal ROCKY, mas o estúdio disse NÃO. Eles queriam uma "estrela" de verdade.

Disseram que ele "tinha um rosto engraçado e falava engraçado". Stallone saiu com seu roteiro. Depois de algumas semanas, o estúdio ofereceu $250.000. Ele recusou. Então ofereceram $350.000, e o ator ainda recusou. Queriam o seu filme, mas não o queriam. Ele disse:

NÃO! Eu tenho de estar neste filme...

Depois de um tempo, o estúdio concordou em dar-lhe $35.000 pelo roteiro e o deixaram estrelar o filme. O resto entrou para a história do cinema. O filme GANHOU prêmios de MELHOR FILME, MELHOR DIREÇÃO, MELHOR EDIÇÃO e o prestigioso OSCAR de MELHOR FILME. Sylvester Stallone ainda foi nomeado como MELHOR ATOR! O filme ROCKY entrou para os registros da indústria do cinema americano como um dos maiores.

E você sabe a primeira coisa que ele fez com os $35.000?

COMPROU DE VOLTA O CACHORRO QUE HAVIA VENDIDO.

Ficou parado diante da loja por três dias, até que o homem voltasse com seu cachorro. O homem se recusou a vendê-lo por $100, Stallone então ofereceu $500, ele recusou. Ele então ofereceu $1.000. E acredite ou não, Stallone pagou $15.000 pelo mesmo cachorro que vendera por $25.

O mesmo Stallone que morou na rua, vendeu seu cachorro porque não podia alimentá-lo, tornou-se um dos maiores ícones do cinema mundial até hoje.

Não ter dinheiro é ruim, MUITO RUIM. A vida não será fácil. Oportunidades passarão, se você for *um ninguém*. Pessoas vão querer seu produto e não VOCÊ. É um mundo cruel. Se você ainda não é famoso, rico, ou bem conectado, vai achar ainda mais difícil. Portas se fecharão. Pessoas roubarão sua glória e esmagarão sua esperança. Você vai se esforçar, se esforçar e nada acontecerá. Então, desolado, quebrado, pobre, aceitará trabalhos que não completam sua sobrevivência. Quem sabe pode até acabar dormindo na rua. Mas NUNCA deixe que destruam seu sonho. Aconteça o que acontecer, CONTINUE SONHANDO. Quando esmagarem sua esperança, CONTINUE SONHANDO; mesmo quando o deixarem sozinho(a) CONTINUE SONHANDO. Ninguém, a não ser você, sabe do que você é capaz. Enquanto estiver vivo(a), sua história ainda não acabou.

Ao terminar este livro, aonde irá é uma escolha que deixo para você, assim como uma pergunta muito especial:

QUAL FOI O SEU ÚLTIMO FEITO EXTRAORDINÁRIO?

Se já faz um tempo que você não realiza nada de extraordinário, então chegou a hora de deixar de ser espectador e testemunha da vida.

Desejo que você, a partir de hoje, tenha atitudes típicas de uma vida extraordinária e, se os caminhos diferentes até aqui ainda não aproximaram nossas vidas, que possamos nos conhecer pessoalmente em breve!

Finalmente, se você já conhece e acompanha o trabalho da IMAP, receba minha absoluta gratidão, afinal, sua dedicação à leitura desta obra permitiu que eu compartilhasse mais um passo do legado, que ainda está em construção, mas já é alicerçado pelas fortes bases de sua confiança e carinho!

Impressão e acabamento
Imprensa da Fé